인문학의 즐거움

– 생활 인문학 방법론 –

이 종 권

글앤북
Geul&Book

기다림. 살아보니 기다림의 방법은 안 기다리는 데 있는 것 같다. 특히 전철이 그렇다. 기다리는 동안 메모를 하거나 책을 읽고 있으면 어느 새 열차가 온다. 이 이론은 아마도 일반화가 가능할 것 같다. 기다리지 말고 열심히 자기 할 일을 하다보면 금방 시절이 오고, 금방 사람이 온다.

잠실 책방에 나가 모처럼 책을 두 권 샀다. 계간 『문학과 사회』 그리고 어느 초등학교 교사의 인성교육 수기 『그 아이만의 단 한사람』. 먼저 『문학과 사회』에서 시 몇 편을 읽어 보았다. 너에겐 영 와 닿지 않았다. 보통사람은 알 수 없는 시인들의 횡설수설, 사회가 어지러워서 그런 것일까? 네가 시를 몰라도 너무 몰라서 그럴 것이다. 그런 시 말미에 빨간 펜으로 뭐라고 써 놓았다. 너의 책이므로.

요즘 인문학 방법론을 다시 고민하고 있다. 우리 인문학 과연 이대로 좋은가? 사변적 인문학, 립 서비스 인문학을 경계한다. 인문학은 즐거워야 한다. 우리의 생활 속 깊숙이 들어와 인간적 즐거움을 주어야 한다. 그런데 말로만 인문학, 인문학, 하고 있는 것 같아서 좀 아쉽다. 인문학은 사람다운 인성을 기르는 데 사용해야 한다. 그래서 우선 저 초등교사의 인성교육 수기『그 아이만의 단 한사람』을 잘 읽어 보아야겠다.

2017. 3.
문정인문학도서관에서
이 종 권 拜

제1장 학문과 시민소통

"학문의 본질은 원래 통합적인 것으로서
어느 시대에 있어서나 우리 인간과 자연을 탐구하는 데 있어 왔다.
이러한 통합적 탐구를 통해
인간의 참 가치, 윤리, 아름다움을 재정립함은 물론
물질과 우주의 이치를 끊임없이 찾아내어
자연스럽고 편리한 문명을 이룩함으로서
인류사회에 지속적 행복을 가져오게 하는 데
학문의 본질적 목적이 있다 하겠다.."

1.1 학문의 탄생

　학문은 인류문명의 발생 이후 동양과 서양에서 각기 다른 방식으로 태동하였다. 동양에서는 중국의 문자발명이후 유학을 중심으로, 서양에서는 고대 그리스의 철학과 자연과학을 중심으로 탄생된 것으로 보는데 별 이견이 없는 것 같다. 동양철학을 제외한 오늘의 모든 분과학문들은 그 시조를 고대 그리스에서 찾고 있다. 그만큼 고대 그리스는 학문의 발상지였다. 고대 그리스에서는 소크라테스, 플라톤, 아리스토텔레스, 헤로도토스, 히포크라테스 등 유능한 철학자와 자연과학자들이 출현하여 철학, 정치, 자연과학의 경계가 없는 인문주의 학문의 기초를 세웠다.

동양에서는 기원전부터 석가의 불교사상과 공자의 유교사상이 출현하여 인본주의 동양학의 정신적 기반을 구축하면서 면면히 전승되어왔다. 동양의 학문 역시 철학, 종교, 정치, 자연과학의 경계가 없는 통 큰 인문학으로 출발하였다.

그러나 서양의 고대와 중세의 학문은 근대학문으로 재정립되는 과정에서 대학으로 들어왔다. 12세기 중세의 대학들은 설립 초기에는 신학, 철학 등을 주축으로 하면서도 법률학, 의학 등 사회과학과 자연과학으로 교육과 연구영역을 세분시켜 왔고, 대체적으로 자유7과(문법, 수사학, 논리학, 산술, 기하, 천문, 음악)를 교수하였다. 또한 17,18세기 이래 근대과학의 비약적 발전으로 학문은 더욱 여러 분야로 분화되기 시작하였고, 산업혁명 이후 현대로 내려오면서 학문의 갈래는 전문화라는 이름아래 수많은 가지를 치게 되었다.

이러한 경향에 따라 대학에 강좌나 학과가 설립된 시기를 기준으로 어떤 분야의 학문성립시기를 판정하는 가늠자로 삼게 되었다. 이렇게 대학에서 분과학문들이 수없이 갈라지고 그 세분화가 지속됨으로서 유사한 학문 영역 간에도 서로 소원해지는 현상이 벌어지게 되었다. 오늘의 학자들은 자기 분야의 좁은 테두리 안에서만 깊이 있는 연구에 매달리게 됨으로써 학문 전체를 조망할 수 있는 능력을 점점 상실하게 되었다. 그래서 이제는 다른 영역의 분과학문에 대해서는 아예 언급을 회피하는 것이 예의처럼 되어 있다. 만약 다른 영역에 대하여 한마디라도 비판적 언급을 했다가는 "전공도 아닌 자가 뭐 안다고 떠드나?"라는 핀잔을 듣기가 쉬울 것이다.

그러나 학문의 본질은 원래 통합적인 것으로서 어느 시대에 있어서나 우리 인간과 자연을 탐구하는 데 있어 왔다. 이러한 통합적 탐구를 통해 인간의 참 가치眞, 윤리善, 아름다움美을 재정립함은 물론 물질과 우주의 이치를 끊임없이 찾아내어 자연스럽고 편리한 문명을 이룩함으로서 인류사회에 지속적 행복을 가져오게 하는 데 학문의 본질적 목적이 있다 하겠다.

1.2 인문학의 개념 정의

인문학의 개념

인문학人文學 : humanities은 liberal arts라고도 하며 인간과 인간의 문화에 관심을 갖거나 인간의 가치와 인간만이 지닌 자기표현 능력을 인식하기 위한 분석적·비판적 연구방법을 연구하는 학문이다. 인문학의 개념은 고대 그리스의 '파이데이아'paideia와 로마의 후마니타스humanitas : 인간성에서 유래했다. '파이데이아'는 BC 5세기 중엽 소피스트들이 젊은 이들을 폴리스의 능동적 시민으로 양성하기 위해 마련한 일반 교육과정이고, 후마니타스는 BC 55년 로마의 키케로BC 106~BC 43가 '데 오라토레'De Oratore : 웅변학교에 마련한 웅변가

양성과정이었다. 키케로의 웅변학교의 목적은 시민들에게 인간이 필요한 4가지 기본 덕목을 갖추도록 하는 데 있었다. 그의 4가지 덕목이란 자기검증성probitas, 박애정신misercordia, 관용정신liberalitas, 그리고 교양urbanitas이었다고 한다.

성 아우구스티누스를 비롯한 중세 초기 교부들은 파이데이아와 후마니타스를 그리스도교의 기본 교육과정으로 채택하면서 이들을 유익한bonae 과목 또는 교양liberales 과목으로도 불렀다고 한다. 이들 교양과목은 수학, 언어학, 역사, 철학, 과학 등이며, 중세 대학에서도 이를 채택하여 자유 7과라는 교양교육을 실시하였다. 중세 대학의 자유 7과는 인문학, 자연과학, 음악을 포괄하는 과목으로서 언어계열 세 갈래triuium, 즉 문법, 수사학, 논리학과 수학계열 네 갈래 quadriuium, 즉 산술(수학), 기하학, 천문학, 음악 등이었다. 자유 7과에서 '자유'의 의미는 즐거움과 통하며 어떤 목적의식에 예속되지 않고 자유롭게 즐거움을 찾는 학문을 의미한다. 반면에 어떤 직업적 경제적 목적의식을 갖고 억지로 공부하는 분야를 '노예학문'으로 보았다.

15세기 이탈리아 인문주의자들은 세속적인 문예 및 학술활동을 가리켜 '스투디아 후마니타티스'studia humanitatis : 인간연구라는 말을 사용했다. 그들은 이 학술활동을 인간과 고전에 대한 연구라고 생각했다. 18세기에 디드로를 비롯한 프랑스 백과전서파는 스투디아 후마니타티스가 오직 고대 그리스어 · 라틴어와 고전문헌 연구에만 몰두하는 무미건조한 학문이 되었다고 비판하기도 했다.

산업혁명 이후에는 대학에서 학문의 전문화가 심화되어 인문학, 자연과학, 사회과학, 그리고 예술분야가 총 망라된 교육과 연구를 실행했으며 개인이 전공할 수 있는 분야가 대폭 축소되었다. 특히 기술개발과 산업발전을 지향하는 공과대학이 중점 육성되면서 기술문명이 급속도로 진전되었다. 그 결과 세계는 불과 200여 년 동안 고대와 중세에서 경험하지 못한 새로운 기술 환경으로 변모되어 인간의 삶에 편리와 부작용을 동시에 안겨주고 있다. 반면 인간의 본질적 측면인 인간성과 인간다움을 추구하는 인문학 분야는 전 시민적 교양교육으로 보편화 되지 못하고, 인문학 전공 학자들에 의해서만 계승되고 있어 일반 시민들에게는 어려운 학문분야로 치부되었고, 인문학은 학자를 위한 학문, 실제로 별 쓸모가 없는 공허한 학문으로 인식되게 되었다. 이러한 풍토에 따라 인문학을 연구하는 학자들도 학문적으로는 그럴 듯한 논설을 펼치지만 그들의 실제 생활에서는 인문학과 동떨어진 행태를 보이는 것도 부정할 수 없게 되었다. 이제는 모든 학문에서 경제성을 따지면서 대학에서도 인문학 과목이 점점 축소되고 취업을 위한 실용적 기능적인 분야까지도 대학으로 들어와 새로운 유망 학과로 등장하고 있다.

한편 인문학의 시작과 그 어원을 서양에서만 찾고 마치 동양에서는 인문학이 없었던 것처럼 인식되고 있으나 이는 서양 수입학문 일변도의 우리 학문풍토에서 야기된 착오로서 동양에서도 그리스 로마 못지않은 훌륭한 인문학이 태동하여 면면히 이어지고 발전되어왔다는 사실을 뒤늦게나마 각성하게 되었다. 조동일 교수는 우리의 현대 학문풍토는 '수입학', '시비학', '자립학', '창조학'이라는 4갈래가 존재한다고 지적하였다. 즉 '수입학'은 서양학문을 수입하여 그대로 따라 배우는 것, '시비학'은 서양 학문에 대하여 비판적 태도로 시비를 가리는 것, '자립학'은 우리 고유의 학문으로 자립할 수 있다는 생각, '창조학'은 이 모두를 아울러 새로운 창조적 학문으로 발전시켜 나가는 태도이며 이 가운데 우리가 지향해야 할 학문 태도와 방향은 '창조학'이 되어야 한다고 역설한 바 있다.[1] 그는 또한 '인문', '인문학', '인문과학' 등의 어원에 대해서도 동양의 고전 주역周易에서 그 유래를 찾고

---

1) 조동일. 1997. "수입학에서 창조학까지의 전환과정", 『인문학문의 사명』. 26-56쪽.

있다. 즉 주역의 비괘賁卦 "觀乎天文 以察時變 觀乎人文 以化成天下(천문을 살펴 때의 변화를 알아내고, 인문을 살펴 천하의 교화를 이룬다)"에서 인문이라는 말이 유래했다는 것이다. 뒤이어 천문과 지리를 짝지어서 "仰以觀於天文 俯以察於地理(위를 올려다보고 천문을 살피고, 아래를 내려다보고 지리를 알아낸다.)"는 말에서 天 · 地 · 人의 사상이 나왔으며 이러한 天 · 地 · 人 사상은 곧 천문, 인문, 지문이며 천문은 자연 현상, 인문은 인문현상, 지문은 사회현상으로 대비할 수 있다는 것이다. 그러므로 천문은 천문학, 즉 자연과학이며, 인문은 인문학이고, 지문은 사회과학으로 대비할 수 있다는 것이다. 그러면서 "우리가 하는 인문학은 그 명칭이 'humanities'의 번역어라는 생각을 버리고 동양 '人文'의 전통을 되찾아야 한다고 주장했다. [2]

사실 동양의 학문은 인간과 자연 전체를 아우르는 인문학이자 자연과학이며 정치학으로서 인간생활의 모든 면을 우주와 대자연에 연결시켜 탐구하여 왔다. 하늘을 공경하고 인간을 사랑하는 경천애인의 정치철학은 현대의 세분된 학문의 구분을 무색하게 한다. 공자에 의해 유학으로 집대성된 동

---

2) 조동일. 위의 책. 209-218쪽.

양의 학문은 서양의 인문학과는 차원을 달리하는 '통섭'의 학문으로서 우리나라와 일본 등 인근 국가의 사상과 학문의 발전에 지대한 영향을 주었다. 우리나라의 학문은 삼국시대와 고려 및 조선조에 이르기 까지 중국의 학문을 들여와 우리의 창의적인 연구와 해석 및 적용을 통하여 혁혁한 인문학의 전통을 이어왔다고 하겠다. 그와 같은 증거는 삼국사기, 삼국유사, 고려사, 조선왕조실록 등의 역사서는 물론 조선조의 정도전, 세종, 퇴계, 율곡, 정조, 정약용, 최한기 등 기라성 같은 수많은 학자들이 남긴 업적을 통해서 확인할 수 있다. 우리가 서양의 고전을 읽기에 앞서 우리의 뿌리인 동양고전을 읽어야 할 이유가 바로 여기에 있다.

인문학과 도서관

위에서 살펴본 바와 같이 인문학은 인간 자신의 '인간다운 삶'이 무엇인가를 탐구하는 학문이다. 인간을 육체와 정신으로 구분한다면 인문학은 인간의 정신적 측면을 더욱 강조한다. 따라서 자연과학처럼 인간을 실험이나 정량적 분석의 대상으로 삼지 않는다(인간의 육체를 대상으로 실험, 관찰 등 정량적으로 연구하는 분야는 의학으로서 자연과학에 속한다). 인문학의 특징 및 도서관자료의 성격은 일반적으로 다음과 같이 정리할 수 있다.

- 인문학은 널리 인정되는 지식이라도 학자에 따라 받아들이는 의미가 다르다. 인문학은 학자 개인의 주관적 인식 및 시각에 따라 그 해석이 다를 수 있다.

- 인문학은 일정한 하나의 객관적 결과를 위해서 탐구되는 자연과학과는 달리 연구자의 문제 인식에 따라 선택된 주제를 문장으로 기술하는 주제 중심적 연구를 지향한다.

- 인문학은 자연과학과는 달리 계층적 상하개념이나 주종의 개념이 희박하며 연구자의 통찰력과 주관적 인식에 따라 다른 주장이 제기될 수 있다.

- 인문학에서는 시대에 따른 진전이나 발전의 개념을 적용하기 어렵다. 21세기의 인문학이 17세기 조선조의 인문학보다 발전했다거나 퇴보했다고 단정할 수 없다.

- 인문학 연구에서는 원본에 대한 의존도가 높다. 예를 들면 훈민정음 원본, 시, 소설 등 문학작품의 원작, 그림, 조각 등 원작품이 매우 중요시 된다. 교과서, 사전 등

편집물이나 색인, 초록, 서지 등 2차 자료는 인문학 연구의 전 단계에 있는 학습자들에게 공부의 가이드라인 및 길잡이로서 중요하다.

• 인문학분야 자료는 사회과학분야의 자료와 더불어 거의 모든 도서관에서 장서의 중심을 이룬다.

1.3 인문학의 범위

앞서도 살펴본 바와 같이 학문은 인간의 탐구정신에서 비롯되었다고 할 수 있다. 인간이 자신과 환경을 탐구하는 데서 학문이 시작되었다고 본다. 인간이 자신과 환경의 정신적인 면을 탐구하면 철학, 종교, 역사, 문학, 예술이 된다. 또한 인간이 자신과 환경의 물질적인 면을 탐구하면 과학기술이 된다.

인문학의 위기론이 대두되면서 인문학은 흔히 문·사·철 文·史·哲 : 문학, 사학, 철학로 줄여서 부르는 경향이 유행되고 있으나 인문학의 범주는 문학, 철학, 사학에 국한되지 않는다. 문학, 사학, 철학을 기본으로 하면서도 언어학, 종교학, 예

술(미학, 음악, 미술, 무용, 연극, 영화) 등 많은 학문분야들이 포함된다.[3]

인문학에는 우선 언어학이 있다. 언어학은 모든 학문을 표현하는 도구적 학문이다. 인문人文이라는 국어 단어를 뜯어보면 인人과 문文이다. 사람이 문자를 가지고 배우는學 것이다. 따라서 우리나라에서는 국어가 학문의 도구이며, 영미에서는 영어가 학문의 도구가 된다. 마찬가지로 독일에서는 독일어가, 프랑스에서는 프랑스어가 학문의 도구다. 언어학의 기초 없이는 인문학도, 사회과학도, 자연과학도 불가능하다.

문학은 언어를 미적으로 표현하는 언어예술이다. 언어를 활용하여 시, 소설, 수필, 희곡, 시나리오 등 인간의 감정을 어루만지고 용기를 주는 작품을 창작한다. 문학이 없는 인간 생활은 삭막하다. '암스트롱이 놀던 달'보다는 '이태백이 놀던 달'이 더욱 멋있다. 문학은 인간의 생활을 정서적으로 인간답고 멋지게 만들어 준다.

역사학은 과거의 연구를 통해 미래의 방향을 제시하는 학

---

3) 인문학의 범위는 문(文), 사(史), 철(哲), 언(言), 예(藝), 종(宗)으로 설명되기도 한다(정대현. 2005. "인문학이란 무엇인가." 『스무살에 선택하는 학문의 길』. 서울 : 아카넷. pp.26-35).

문이다. 인간은 반성하는 동물이다. 과거에 대한 바른 인식과 해석 없이는 올바른 미래를 창조하기 어렵다. 개인은 자기반성을 통해 발전을 추구할 수 있다. 마찬가지로 모든 학문은 역사가 있으며 각 학문사의 연구를 통하여 당해 학문의 발전을 모색한다. 국가는 국사의 연구로, 세계문명은 세계문명사의 연구로 미래 문명의 방향을 잡아 나갈 수 있다. 과거의 연구는 모든 학문과 미래연구의 초석이 된다.

철학은 윤리학을 포함하며 인간의 삶의 근본문제와 가치를 탐구하고 재조명한다. 인간은 무엇 때문에 사는가? 인간이 추구하는 근본가치는 무엇인가? 먹기 위해 사는가? 살기 위해 먹는가? 한편 모든 분과학문들은 그 근본적 목적과 방향을 철학에서 찾는다. 교육은 교육철학, 역사는 역사철학, 정치는 정치철학, 과학은 과학철학, 경영은 경영철학이 있다. 철학의 범위는 인간 삶의 거의 모든 부문에 걸쳐 그 가치를 판단한다.

종교학은 인류의 으뜸宗 가르침教인 종교宗教를 학문적으로 연구한다. 종교가 발생하게 된 역사 지리적, 사회 문화적 배경을 연구하고, 종교사 및 신흥종교를 연구한다. 종교철학은 각 해당 종교의 교리를 역사적·철학적으로 구명究明하여 각 종교와 그 믿음의 체계 및 신학적, 철학적 가치를 재조명

한다.

예술은 아름다움과 즐거움을 추구함으로서 인간 생활을 풍요롭게 한다. 아름다운 음악의 선율에 감동하고, '그림 같은' 회화와 조각에 빠려 들며, 연극과 영화를 통해 인생의 희로애락을 간접 체험한다. 예술은 종합적이다. 전 학문이 예술에 개입된다.

문헌정보학은 인류가 생산하는 모든 문헌정보의 보존과 관리 및 이용을 원활하게 함으로써 모든 학문 연구에 지름길을 제공한다. 다른 학문을 위한 다리의 역할을 하는 '섭경지학涉徑之學'인 것이다. 모든 학문은 문헌정보의 활용이 없이는 불가능하다. 문헌정보 없이는 논문 한편 쓰기도 어렵다. 이처럼 인문학의 제반 분과 학문들은 인간에 대한 정신적 가치를 높여주고 인간의 마음을 풍요롭게 만들어준다.

1.4 자연과학의 인문학적 성격

자연과학의 역사는 우주과학의 역사이다. 빅뱅이론은 우주 탄생을 설명하는 이론이다. 과학자들은 대폭발에 의해 우주가 탄생되고, 태양계가 형성되어 지구가 탄생된 후 지구상에 생명이 태동한 것으로 보고 있다. 빅뱅이론에 따르면 우주는 하나의 작은 입자에서부터 폭발, 팽창되어 형성되었으며, 지금도 우주 저 멀리에서는 팽창이 계속되고 있다고 한다. 이렇게 인간은 우주 속에서 하나의 미미한 생명으로 발아되어 지구에 자손을 퍼뜨리며 살고 있는 연약한 생물군에 불과하다.

그러나 인간은 우주의 거대한 역사 속에서 그들의 작은 역사를 형성하며 살고 있다. 다른 동물은 우주의 역사와 자신의 역사를 모를 것이다. 그러나 인류는 우주와 지구를 탐구하며, 스스로의 존재를 파악하는 하는 슬기 슬기인Homo sapiens sapiens이다. 그 앎은 태초에서부터 조금씩 깨우치고 전승되면서 현대의 과학기술에까지 이르게 되었다. 이렇게 인간은 하나의 작은 생물군에 불과하지만 우주적 존재이며, 역사적 존재로서 그 모두를 의식하고 탐구하는 슬기로운 존재인 것이다.

인간의 역사적 인식은 과학 탐구의 정신에서 비롯되었다고 할 수 있다. 우리는 현재 인문과학, 사회과학, 자연과학을 구분하고 있다. 그러나 이 구분은 인간이 자신과 사물을 바라보는 시각의 차이일 뿐이다. 모든 학문은 인간성의 바탕 위에 서 있다. 인문학이든, 사회과학이든, 자연과학이든 인간성을 배제하고는 별 의미가 없다. 인문학자도, 사회과학자도, 자연과학자도 모두 다 인간이기 때문이다.

또한 인간은 사회적 존재이다. 그러나 인간사회의 성격은 지역별로 달라서 각 지역의 인간들이 추구하는 이상과 목표 및 이의 실현 방법이 다르다. 이것이 곧 이념이다. 인간사회의 공통된 목표는 행복의 추구라고 할 수 있을 것이다. 그러나 이를 실현하는 방법에 있어서는 각기 다른 성향을 띠게 된다. 그러한 성향은 먼저 종교에서 태동하였다. 불교, 유교, 기독교, 이슬람교 등 모든 종교들은 인간다움을 지향하는 면에서는 공통되나 그들의 실행 방법은 각기 판이하게 다르다. 각국의 정치는 그 나라의 주류 종교의 영향을 받으면서 정치이념을 형성하여 왔다. 어느 나라나 민주주의를 추구한다고 하지만 민주주의를 실현하는 세부적 방법은 다르게 나타났다. 그중 가장 극명하게 나타난 것이 자유주의와 공산주의의 양극화와 제3세계의 대립이라 할 수 있다. 인간사회에는 권력관계가 형성되므로 한 사회가 다른 사회를 지배하려는 속성이 있다. 자기들의 행복을 위해 다른 사회를 지배하려는 것이다. 이것이 서세동점과 군국주의로 나타났다.

과학의 최종 목표 역시 인간의 행복 추구일 것이다. 과학도 사회적 환경의 지배를 받아왔다. 아무리 순수과학이라 해도 사회라는 지붕 속에서 벗어나지 못한다. 갈릴레오는 그 사회에 반하는 주장을 했다가 당시의 사회적 잣대로 재판을 받았다. 전쟁에 대비해서 과학자는 무기를 만들어야 한다. 여기서 우리는 건강한 사회에서만 행복한 과학기술이 발전할 수 있다는 결론을 얻을 수 있다.

따라서 과학은 사회적 존재이며 과학자는 사회의 요구에 맞는 진리를 추구한다. 그러나 과학자의 진리 탐구는 고도의 정신활동으로서 사회적 테두리를 벗어날 수 있으며, 이를 통해 사회를 개선하는 지도적 역할을 수행할 수 있다. 사회 속에 과학이 존재하되 과학은 사회를 발전시킬 수 있으며 그 역 또한 같다.

<과학자와 무기 관련 신문기사>

호킹·머스크·촘스키…이들은 왜 AI를 두려워할까?
(서울신문: 2015. 07. 28 13:51)

세계적인 물리학자 스티븐 호킹 박사, '스페이스 X'의 창업자 엘론 머스크 회장, 애플의 공동 창업자 스티브 워즈니악 그리고 언어학계의 혁신가 노암 촘스키까지…

이름만 대면 누구나 알만한 세계적인 석학과 기업가들이 한 장의 서한에 모두 자신의 이름을 써넣었다.

바로 '킬러 로봇'으로 알려진 인공지능(AI)을 기반으로 한 '공격형 자율 무기(offensive autonomous weapons)' 금지 서명에 동참한 것이다. 지난 27일(현지시간) 미국의 '생명의 미래 연구소'(Future of Life Institute·FLI) 측은 전 세계 1000명 이상의 유명 인사들이 서명한 서한(open letter)을 공개했다.

이 서한은 AI 무기 발전이 장차 인류에게 해가 될 것이라는 전망에 기초한다. 마치 영화 '터미네이터'에 등장하는 '스카이넷'이 현실이 될 수도 있음을 경고한 것. FLI측은 "이 기술의 '탄도'는 분명하다. 자율형 공격 무기는 내일의 '칼라슈니코프(AK시리즈로 유명한 소총의 대명사)'가 될" 것이라면서 "인간의 통제를 벗어난 이같은 무기 개발을 법으로 금지해야 한다."고 선언했다.

사실 할리우드 SF 영화에서 AI는 이제 단골 악당으로 등장하고 있다. AI는 'Artificial Intelligence'의 약자로 인간의 지능을 모방한 기계 혹은 컴퓨터 소프트웨어를 말한다. AI의 기반을 제공한 사람은 영화 '이미테이션 게임'으로 잘 알려진 영국 수학자 앨런 튜링(1912~1954)으로 그는 '효율적인 계산가능성' 이라는 개념을 가지고 '튜링 기계'(Turing's Machine)를 만들어냈다.

AI라는 말이 공식화 된 것은 튜링이 세상을 등진 2년 후다. 지난 1956년 미국 다트머스 대학교의 수학자이자 컴퓨터 과학자인 존 매커시는 'AI'라는 용어를 공식화시켰다. 이후에도 AI는 소위 '강한 AI'와 '약한 AI'의 논란으로 이어졌다. 강한 AI는 컴퓨터가 인간의 능력을 모두 갖춘 것으로 인간을 뛰어넘는 '슈퍼 AI'로 발전할 수도 있다. 인류를 멸망시키는 '스카이넷'과 어벤저스의 울트론이 그 예.

이에 반해 인간처럼 지능이나 지성을 갖추고 있지는 못하지만 지능적인 능력을 보이는 것이 '약한 AI'로 대표적으로는 애플의 '시리'같은 존재다.

최근 들어 컴퓨터와 뇌 과학 기술의 발전과 더불어 AI 산업이 급속도로 커져 나가자 이에 대한 경고가 유명인들 사이에서 수차례 터져 나왔다. 사실 이 서한에 서명한 호킹 박사와 머스크 회장은 FLI의 자문위원으로 이미 수차례 AI에 대한 경고를 한 바 있다.

호킹 박사는 지난해 연말 BBC방송과의 인터뷰에서 "AI가 인간보다 훨씬 빠른 속도로 발달해 인류의 종말을 부를 수도 있다."는 섬뜩한 경고를 한 바 있다. 현실판 '토니 스타크'인 머스크 회장 역시 "AI 기술이 생각보다 더 빠르게 진전돼 5년 혹은 최대 10년 안에 인류에게 중대한 위험을 줄 일이 실제 벌어질 수 있다" 고 주장했다.

또한 워즈니악은 지난 3월 호주언론과의 인터뷰에서 "머스크 회장과 호킹 박사의 예언처럼 AI가 사람들에게 끔찍한 미래가 될 수도 있다" 면서 "인간이 신이 될지, AI의 애완동물이 될지 모르겠다."고 밝힌 바 있다.

(박종익 기자 pji@seoul.co.kr)

1.5 학문의 사명, 학자의 사명

학문은 사회 속에서 태동하고 사회와 함께 성장한다. 인간 사회는 매우 포괄적이지만 국가라는 범주로 한정해서 보면 각 국의 사회적 성격은 각기 차별화된다. 예를 들면 미국사회와 한국사회, 일본사회와 중국사회는 정치, 경제, 사회, 문화면 에서 다르게 형성되어 왔다. 학문은 인류 보편의 진·선·미 眞·善·美를 추구하지만 그 사회적 바탕은 나라마다 다르다.

학문이 사회라는 기반 위에서 사회를 위해 존재한다는 것 은 어쩌면 당연한 일일 것이다. 학문은 사회의 산물이며 사 회 속에 깊이 통합되어야만 학문으로서의 기능을 발휘할 수 있기 때문이다. 학문이 사회와 동떨어져 학자들만의 난해한 언어와 담론談論으로만 머문다면 그것은 학자를 위한 학문일 뿐이며 학문으로서의 가치와 기능을 발휘하지 못하는 것이다. 요즘 '인문학 위기'의 문제도 우리나라의 인문학이 시민 속에 튼튼히 뿌리내리지 못한 데 그 원인의 일단을 찾을 수 있을 것이다. 즉 학문의 씨앗을 파종하고 생산하는 학자들이 소위 학술논문 이라는 그들만의 영역을 구축하고 어려운 문장으로 포장함으로써 시민들과 담을 쌓고 있다는 것이다. 각 학문 영역들이 사회 속에서 시민들을 위해 실용성과 가치를 제공할 수 있도록 시민의 일상 언어로 접근하지 못하고 있는 것이다.

미국의 물리학자 리처드 파인만Richard P. Feynman은 물리학적 앎, 즉 물리학 지식에 대하여 "과학을 전공하지 않은 자기 애인이 이해할 수 있도록 물리학의 내용을 쉽게 설명할 줄 알아야 그것이 자기의 지식이 되었다고 할 수 있다"고 말했다고 한다. [4] 이러한 논리는 인문학에도 동일하게 적용할 수 있을 것이다. 예를 들어 철학은 철학을 모르는 부인이 알아들을 수 있도록, 국어학은 어법을 모르는 초등학생이 알아들을 수 있도록 설명할 수 있어야 각기 그 학문에 대한 지식이

---

4) 오세정. 2005. "물리학-자연과학의 근본." 『스무 살에 선택하는 학문의 길』. p.360

있다고 할 수 있을 것이다. 다시 말해 각 학문은 모든 시민들이 이해할 수 있는 언어로 표현되어야만 학문의 '위기'를 극복할 수 있다고 생각된다.

학문의 사명

인간은 사회를 형성하여 서로 도우며 살아간다. 이 '서로 도움'이 곧 상호작용 소통일 것이다. 이러한 삶의 상호작용에는 정신적 작용과 물질적 작용이 있다. 인간의 삶을 나무에 비유해 보면 정신적 상호작용은 인간 생활의 뿌리이며, 물질적 상호작용은 인간 생활의 줄기, 가지, 잎이라 할 수 있다. 뿌리가 튼튼하면 줄기와 가지와 잎이 무성하다. 한편 줄기와 가지와 잎이 제대로 기능해야 뿌리도 잘 살 수 있다. 건강한 나무는 뿌리와 줄기, 가지, 잎이 서로 보완관계를 유지한다. 그러나 중요한 것은 나무에서 가지와 잎은 떼어내도 살 수 있다. 또 줄기를 잘라도 뿌리만 있으면 새순이 돋는다. 어떤 경우는 가지와 잎을 많이 솎아 주어야 더 잘 살 수 있다. 그러나 뿌리를 자르면 나무는 살 수 없다. 따라서 생명력의 근원은 뿌리에 있다.

인문학은 곧 인간 삶의 뿌리에 해당된다. 인간이 이용하는 물질, 즉 부富는 줄기, 가지, 잎에 해당된다. 줄기와 가지와 잎이 너무 무성하면 나무가 지탱하기 어렵듯이 물질이 너무 풍부하면 정신이 퇴보된다. 복권에 당첨된 졸부들이 쉽게 무너지는 것은 이 때문이다. 갑자기 찾아온 부를 지탱할 수 있는 정신의 뿌리가 약하기 때문이다. 따라서 나무가 균형 성장을 하듯이 사람도 정신과 물질의 균형성장成均을 이루어야 한다. 그런데 언제부터인가 물질이 인간의 정신을 과도하게 지배하게 되어 인문학에 위기가 찾아온 것 같다.

인문학은 인간의 뿌리를 지탱하는 학문이다. 인문학은 인간에 대한 깊은 성찰을 통하여 인간생활에 끊임없이 맑은 물을 공급하는 생명 샘이다. 따라서 인문학이 없으면 인간 정신이 병들고 말라 인간은 '서로 도움'의 정신을 잊어버리고 인간 끼리 '약육강식弱肉強食'하는 동물로 퇴보할지 모른다. "인문학이 죽으면 나라 망한다."는 한 잡지 기사의 제목은[5] 저널리즘의 지나친 선동적 표현이라기보다는 인간 정신의 뿌리로서의 인문학의 역할과 중요성을 단적으로 웅변한 것이라 할 수 있다. 언어학, 문학, 역사, 철학, 종교, 예술, 문헌정보학 등 모든 인문학은 인간 정신활동의 산물이며 인간을 인간답게 하는 학문들이다. 따라서 인문학문의 사명은

5) 신동아 1999년 5월호. p.346

바로 인간을 인간답게 하는 데 있으며, 이는 어느 시대에 이르러 종료되는 것이 아니라 끊임없는 연구와 성찰을 통해 연면히 이어지는 인류의 정신사이다. 인문학은 이러한 인간정신의 뿌리를 튼튼히 하는 소임을 다해야 할 역사적 사명을 띠고 있다.

학자의 사명

그러나 학문은 말처럼 그렇게 쉬운 것은 아니다. 인문학자들의 사명은 간단히 말하면 '인간 정신의 뿌리인 인문학을 연구하고 가르치는 것'이라 할 수 있다. 언어학자, 역사학자, 종교학자, 문학자, 철학자, 예술인, 문헌정보학자 등 모든 인문학자는 그들의 지식의 지평[6]을 넓히면서 지혜의 심연(深淵)을 천착하여 시민들에게 삶의 방향을 제공함으로써 인간사회의 정신적 지주가 되어야 한다. 학자들은 자기 영역 안에서의 고립을 버리고 다양한 전공자와 교류하면서 그들의 깊이 있는 전공지식의 각도에서 다른 영역도 아울러 성찰함으로써 인간 정신사의 전체적인 통찰을 이루어 내야 한다.

---

6) 2006년 12월에 『지식의 지평(知平)』이라는 학술잡지가 창간되었다. 학술지의 제목에서 지평을 '地平'이라 쓰지 않고 '知平'이라 한 것이 의미심장하다. 땅의 지평선이 아니라 지식이 소통하는 '지식의 지평선'이라는 의미로 해석되기 때문이다.

그러기 위해서는 모든 학문에 있어 포용과 창조적 태도가 절실히 필요하다.[7]

또한 연구의 결과 발표에 있어서는 학자들 사이에 교류되는 학술논문의 언어 표현은 다소 전문적이고 난해하다고 하더라도 그 내용이 일반 대중을 향할 때에는 대중의 언어로 소통될 수 있어야 한다. 시민의 호응을 얻지 못하는 학문은 학문으로서의 사회적 역할을 할 수 없을 것이기 때문이다. 오늘의 학자에게 요구되는 사명은 연구는 깊고 넓게, 표현은 쉽게 하는 것이라고 말할 수 있다. 즉 학자들은 지식의 샘을 파고, 지혜의 샘물을 길어 시민에게 공급하는 역사적 사명을 띠고 있다. 쉽지 않은 학문을 쉽게 뚫어내기는 어려울 것이다. 또 어렵게 뚫어낸 학문을 쉽게 설명하기는 더욱 어려울 것이다. 그러나 그 딱딱한 진리를 뚫어낸 학자는 자신만의 앎의 과정을 체험했기 때문에 좀 더 쉬운 언어로 설명할 수 있을 것이다. 알기 쉬운 언어로 시민에게 지식과 지혜를 제공함으로써 교양과 지혜를 갖춘 시민을 길러 그들로 하여금 인간적 삶의 행복지수를 높이는 활동을 전개하는 것이 이 시대 학자들에게 주어진 사명이 아닐까?

---

7) 조동일. 1997. 인문학문의 사명. 서울대학교출판부. pp.49-56

1.6 인문학의 위기와 타개 전략

인문학의 위기론은 근대 교육제도의 실시 이후 수많은 학자들의 생각 속에 잠재되어 왔으나 1990년대 중반 '문민정부'의 임시조직 '교육개혁위원회'가 교육의 방향을 '수요자 위주'의 교육으로 제시하면서 수면 위로 떠오르게 되었다(교육개혁방안, 1995년 5월 31일). 그 후 '국민의 정부(김대중 정부)', '참여정부(노무현 정부)', 'MB정부(이명박 정부)', 그리고 박근혜 정부에 이르기 까지 거의 30년이 흘러가고 있지만 '인문학의 위기'는 아직도 진행 중이며, 오히려 학문의 전당이라는 대학에서는 문학, 사학, 철학과를 폐지하거나 통폐합하는 등 인문학의 위기를 더욱 심각한 수준으로 내몰고 있다.

학문의 '위기론'은 인문학에만 있었던 것은 아니다. 자연과학, 응용과학 등 소위 이공계 학문에서도 대두되어 왔다. 기초과학을 소홀히 하고 과학기술자를 홀대하면 국가의 발전이 암울하다는 의견도 수없이 제기되어 왔다. 오늘의 교육제도 하에서는 인문학의 위기론이건 자연과학의 위기론이건 국가와 사회의 미래를 걱정하는 지적이라고 생각된다. 그렇다면 이러한 학문의 위기를 어떻게 타개할 것인가? 위기라는 말을 습관적으로 쓰다보면 위기의식을 느끼지 못하는 것이 우리 인간의 속성이다. 따라서 이제는 학문의 위기타령만 계속할 것이 아니라 위기를 느끼는 사람들, 즉 학자 자신들부터 학문의 위기를 극복하려는 노력을 기울여야 하리라고 본다.

인문학 위기론의 본질은 인문학이 경시됨으로써 벌어지는 인문정신의 결핍과 그로 인해 야기되는 정신문화의 쇠퇴에 있다고 생각된다. 국가와 대학에서 그리고 사회 각 부문에서 지금처럼 인문학을 홀대하고 무시한다면 인간의 인간다움을 지탱하는 정신적 기둥이 무너지게 된다는 것이다. 즉 작금에 대두되고 있는 인문학 위기론은 부문 간의 연구용역비를 둘러싼 돈타령이나 자리다툼이 아니라 인간 정신을 찾는데 그 목적이 있다고 본다. 구체적으로 말한다면 인문학과 사회과학, 인문학과 자연과학의 밥그릇 싸움이나 자리다툼이 아니라는 점이다.

그러나 지금까지 설명되고 있는 위기론과 그 비판들을 보면 마치 주어진 연구비 예산을 어느 부문이 더 많이 차지하느냐로 비쳐지기 십상이다. 인문학의 위기, 자연과학의 위기 등 각종 위기론의 등장에는 당국의 지원 소홀과 부문 간 불균형 지원, 학생들의 졸업 후 취업난 등 현실적 경제적 기회균등의 문제와 관련되고 있다. 위기론이 학문적 본질에 근거한 것으로 여겨지기보다는 사회경제적 기회의 불평등이라는 면에서 사회적 갈등으로 비쳐지는 것 같아 석연치 않다.

따라서 위기의 본질을 확실히 한 연후에라야 보다 근본적인 타개책이 나올 수 있을 것이다. 이러한 위기의 본질 인식 위에서 대응전략으로서는 장기적인 안목에서 위기의 타개방안을 찾아야 한다고 생각한다. 학자, 학생, 정책당국이 지혜를 모아 국가와 사회의 장기적 균형 있는 발전을 모색해야 한다고 생각한다.

교육정책 당국의 전략

교육정책당국은 인간을 경제적 자원으로만 보는 근시안적 시각에서 탈피하고 인간과 학문 그리고 교육에 대한 정책을 펴야 한다. 적어도 교육에 관한 한 인간을 자원으로 보는 비

인간적 발상과 학문을 경제 논리로 지배하려는 교육의 시장 경제적 발상을 버려야 인간사회가 제대로 발전할 수 있다고 본다.

그런 다음 국가 전체적으로 학문발전의 균형을 생각해야 한다. 우선은 돈벌이가 되지 않아도 모든 학문 부문에 골고루 지원을 해야 한다. 돈벌이가 되는 쪽만 투자하면 결국 기형사회가 된다. 기형의 사회를 원하지 않는다면 정책당국은 교육과 학문 발전의 '성균정책成均政策'을 펴야 한다고 생각한다. 학문의 균형은 국가의 균형이자 문명의 균형이기 때문이다.

학자들의 전략

학자들은 연구비와 관련된 밥그릇 싸움을 경계하고 그들이 진정으로 좋아하는 학문연구에 몰두해야한다. 공자孔子는 연구비를 타지 않고도 위대한 인문학을 수립했다. 석가釋迦는 탁발 구걸하면서 불교를 확립했다. 기독교의 박애주의는 금욕 정신에 기반을 두고 있다. 조선조의 위대한 인문학자 다산 정약용선생은 18년간 전라남도 강진의 귀양지에서 500여권의 책을 저술했다고 한다.[8] 인문정신은 곧 인간, 사

---

8) 정민. 2006. 다산선생 지식경영법. 서울 : 김영사

회, 역사, 우주에 대한 탐구정신이며, 이러한 정신에서 진정한 학문의 결실이 수확된다. 학자들은 연구용역을 수주하려 애쓸 필요가 없다. 교수직만으로도 현실적 삶은 좋으며 책을 사고 연구할 시간은 많다고 생각한다. 국가의 지원은 교수로 임용되지 못한 신진 학자들에게 돌아가야 한다. 연구하고 가르치고 또 연구하는 성실한 삶의 실천이야말로 진정한 인문학자들의 태도라고 생각된다.

학생들의 전략

학생들은 무엇을, 어떠한 삶을 원하는가? 취직, 돈, 다 삶에 있어 필수적이다. 그럼 취직이 되고 돈을 많이 벌었다고 하자. 그 다음은 무엇인가? 대 재벌이 되어 돈을 굴리면서 부도덕한 활동을 일삼는 '경제동물'이 될 것인가, 아니면 먹고, 마시고, 노래하고, 방탕할 것인가? 그것까지도 인간인 이상 허용할 수 있는 일이라고 하자. 그럼 그 다음은 무엇인가?

취업과 돈은 한계가 있고 억지로 되지도 않는다. 또한 그것이 인생의 원대한 목표라고 하기에는 너무나 저급하다. 백만장자라도, 천하를 지배하던 왕이라도 결국은 사라진다. 우리 인생은 길지도 않지만 결코 짧지도 않다. 젊었을 때부터 착실히 학문에 전념하고 본인이 가장 좋아하는 일을 찾아 평생 동안 행복하게 사는 것, 그것보다 더 나은 삶이 있을 까?[9]

백만장자가 아니라도 내가 가장 하고 싶은 일을 평생 누리면서 다른 사람들에게 더불어 행복을 줄 수 있는 일, 정치가, 기업인, 공무원, 학자, 언론인, 예술인, 외교인, 의사. 기술자, 노동자 다 좋을 것이다. 나의 길道이 뚜렷하고, 나의 행行이 올바르고, 나의 생각念이 슬기로우면 그것처럼 인간다운 삶은 없을 것 같다. 직업의 선택, 학문의 선택은 본인의 의지에 따라야 하며 결코 경제논리로 부화뇌동附和雷同해서는 안 될 일이다. 어떤 분야를 공부하든 인문학은 우리의 삶을 방향 잡아주는 나침반이다.

기업들의 전략

기업은 인재를 중요시한다. 기업들은 인재를 양성하기 위해 연수원에서 교육을 하고 해외유학도 보낸다. 일은 사람이 하며 그중에서도 능력 있는 사람이 해내기 때문이다. 능력 있는 사람이란 인간적인 경영자, 창의적 기술자들이다. 인간경영으로 회사를 기획하며, 창의적 신기술을 개발하여

---

9) 김순희. 2006. "헤이리 출판도시, 행복한 바보들이 마음치장하며 사는 동네". 『신동아』2007년 1월호. pp.418-427

경쟁에서 이기는 사람들이 기업을 이끈다. 창의적인 인재는 기술인이라도 인문정신을 지닌 사람들이다. 인문정신의 바탕이 없이 기술에만 밝은 사람은 기업에 대한 충성도가 낮을 수 있다. 산업스파이로 기술을 빼내 갈 수도 있다. 그러나 인문정신이 두터운 사람은 자신을 알고 회사를 알고, 국가와 사회를 생각하므로 회사에 기여하고 회사를 떠나서도 회사와 사회를 위해 일할 것이다. 기업에서의 인문정신은 곧 기업정신으로 발전될 수 있다.

결국 정책 당국, 대학, 학생, 그리고 기업들이 자신의 본질 구현에 충실할 때 모든 위기는 기회로 전환될 수 있다. 당국은 균형 있는 교육학술정책을, 학자는 진리탐구에 전념을, 대학은 기초학문의 육성을, 학생들은 스스로 적성에 맞는 가장 하고 싶은 공부를, 기업은 기업정신과 인문정신의 접목을 이루어내야 한다. 결론은 다음 한 마디로도 충분할 것 같다. "돈 벌이라고요? 우리 모두 먼저 '인간'이 되어야죠."

1.7 인문학의 대중화와 도서관

　인문학이 대중과 소통해야 한다면 무엇을 어떻게 소통해야 하는가? 여기에 '무엇을'에 해당하는 답은 인문학 각 분야의 연구에 바탕을 둔 충실한 내용, 즉 '콘텐츠'이며, '어떻게'에 해당하는 답은 콘텐츠를 효율적으로 소통하는 멀티미디어와 디지털미디어이다. 전통적인 소통은 면대면의 대화와 책과 간행물을 통한 아날로그적 소통이었으나 지식정보사회에서의 소통은 디지털 네트워크에 의한 컴퓨니케이션 compunication 소통으로 변모되고 있다.

　초기 컴퓨터 통신과 인터넷은 콘텐츠를 만드는 프로그램이 미숙했고, 컴퓨터통신과 인터넷의 유용성에 대한 학자들의 인식도 부정적이어서 인문콘텐츠를 구축하고 소통하는 노력이 적극적으로 이루어지지 않았으며, 다만 인터넷을 통해 뉴스를 보거나 전자메일을 이용하는 수준이었다. 또한 음란물이나 상업성 게임 등이 먼저 인터넷을 점령해 인터넷 중독, 게임 중독 등의 사회문제를 야기하여 왔다. 그러나 2000년대 이후 인터넷에 탑재되는 각종 자료의 내용이 점점 충실해지고, 정부, 회사, 단체, 개인에 이르기까지 홈페이지를 구축하여 마케팅의 수단으로 활용하면서 이제는 유용하고 수준 높은 내용들도 인터넷에 탑재, 디지털문서로 제공함으로써 지식정보의 소통이 상당부분 인터넷을 통해 이루어지고 있다.

특히 IT Information Technology 기술과 CT Culture Technology 기술의 접목으로 정보통신 산업과 문화산업이 급속도로 발전하고 있다. 오늘 우리의 삶의 모습은 문자생활을 하는 사람이라면 누구나 눈만 뜨면 인터넷에 접속하여 정보를 검색하고 메일을 교환하며, 도서관에 가기 전에 먼저 인터넷을 통하여 정보를 찾게 되었다. 또한 교육, 영화, 상거래 등 거의 모든 부문의 커뮤니케이션을 사이버를 통해 실현해 가고 있다. 이제 지식정보사회는 역사를 흐르는 시대의 대세이기 때문에 전통적 방법을 고수하던 학자들도 이러한 역사적 흐름을 외면할 수 없게 되었다.[10] 따라서 인문학, 사회과학, 자연과학 모두 지식정보 네트워크에 연구의 성과물인 콘텐츠를 올려 지식과 정보를 대중 속으로 전파하지 않으면 안 되게 되었다.

콘텐츠와 디지털콘텐츠

이러한 상황 속에서 이제 '콘텐츠'라는 용어는 본래의 사전적 의미인 책의 '목차', '내용'의 의미로부터 '전자적으로 구현되는 내용, 즉 디지털에 탑재되는 내용'으로 변모되었다. 사전에서 '콘텐츠'와 '디지털콘텐츠'를 검색하면 다음과 같은 해설이 나온다.

> "콘텐츠contents : 원래는 책·논문 등의 내용이나 목차를 가리키는 것이었으나 지금은 영화나 음악, 게임 등의 오락으로부터 교육, 비즈니스, 백과사전, 서적에 이르는 디지털 정보를 말한다. 통신회선을 사용하여 간단히 접속할 수 있는 데다 개인용 컴퓨터의 보급이 확산 일로에 있으므로 콘텐츠 관련 비즈니스는 더욱 확대될 것으로 예상된다. 한편 콘텐츠의 사회적 영향력에 대해서는 예측 불가

---

10) 이태진. 2001. "정보화시대의 한국 역사학". 『역사학과 지식정보사회』. 서울대학교출판부. pp.3-31

능한 부분이 있으므로 법적·윤리적 관점에서 어느 정도의 규제를 설정해 두어야 한다는 지적이 나오고 있다"(백과사전)

"디지털 콘텐츠digital contents : 유무선 전기 통신망에서 사용하기 위해 부호·문자·음성·음향·이미지·영상 등을 디지털 방식으로 제작, 처리, 유통하는 자료, 정보 등을 말한다. 구입에서 결제, 이용까지 모두 네트워크와 개인용 컴퓨터(PC)로 처리하기 때문에 종래의 통신 판매 범위를 초월한 전자 상거래(EC)의 독자적인 분야로서 시장 확대가 급속히 이루어지고 있다."(IT사전).

이와 같은 콘텐츠의 의미와 성격에 비추어 볼 때 인문콘텐츠, 문화콘텐츠, 디지털콘텐츠는 각기 콘텐츠의 포함 범위가 다르다는 것을 알 수 있다. 콘텐츠 앞에 붙여진 한정어들이 그 포함범위를 지시해주기 때문이다. 즉 인문학의 내용을 디지털화 한 것은 '인문콘텐츠'이며, 문화의 내용을 디지털화하면 '문화콘텐츠'가 되는 것이다. 또 '문화콘텐츠'는 인문학을 기반으로 하지만 문화는 그 범위가 더 넓으므로 문화콘텐츠는 인문콘텐츠를 포함하는 개념으로 볼 수 있다. 인간생활의 모든 측면이 문화에 포함되기 때문이다.

'디지털콘텐츠'는 인류의 전 지식 영역을 디지털화하는 것으로 해석되며 어떤 내용이든지 디지털화 하면 디지털콘텐츠로 되어 문화콘텐츠보다 더 광범하게 느껴진다.[11] 또한 디지털콘텐츠가 인류의 전 지식영역을 콘텐츠화 한다는 의미로 본다면 이는 '디지털도서관'과 동일한 의미가 된다. 이와 같이 인문콘텐츠, 문화콘텐츠, 디지털콘텐츠는 순차적인 포함 관계를 이룬다고 하겠다. 따라서 모든 지식과 정보는 궁극적으로 디지털화를 통해서 디지털도서관 개념으로 통합될 수 있다. 인류의 전 지식 부문에 걸쳐 디지털화가 완성되고 디지털유통으로 전 세계가 교류되면 지구촌은 거대한 디지털도서관이 될 것으로 전망된다.

인문학의 블루오션

『블루오션 전략』이라는 책이 2005년에 출판되어 경영분야의 베스트셀러가 된 적이 있다. 블루오션 전략Blue Ocean Strategy이란 프랑스 INSEAD Business School의 김위찬 교수와 르네 마보안Renee Mauborgne 교수가 제창한 기업전략

---

11) 그러나 한편으로는 '디지털콘텐츠'는 용어의 구성으로 볼 때 의미의 중복이 감지된다. 앞서 용어설명에서도 보았듯이 '콘텐츠'라는 말 속에는 이미 '디지털'이라는 의미가 함유되어 있는데 '디지털콘텐츠'라 하면 '콘텐츠 콘텐츠'로 되기 때문이다.

이론이다. 이 이론의 핵심은 '경쟁을 넘어선 창조'에 있으며 이를 '푸른 바다' 전략이라 이름 붙인 것이다. '푸른 바다Blue Ocean'란 이미 존재하는 치열한 경쟁 산업시장을 의미하는 '붉은 바다Red Ocean'와 대비되는 개념으로서 아직 아무도 시도한 적이 없는 저 푸른 바다와 같은 거대한 성장잠재력을 가진 미개척 시장을 뜻한다. 따라서 블루오션에서 시장 수요는 경쟁에 의해 발생되는 것이 아니라 창조에 의해서 발생되고 높은 수익과 고속 성장을 가능하게 하는 무한한 기회가 존재하는 시장이라는 것이다.[12]

그런데 이러한 블루오션전략이 인문학과 무슨 관계가 있을까? 특히 인문학은 산업이 아니므로 시장개념과는 거리가 멀고, 따라서 본래 경쟁이라는 게 없는 것 아닌가? 그러나 위의 블루오션의 개념의 핵심은 '창조'에 있으며, 인문학은 인간 정신의 '창조'에 있기 때문에 이런 점에서 공통점을 발견할 수 있다. 산업에서도 경쟁을 넘어서는 창조를 강조하듯이 본래부터 창조를 본질로 하는 인문학이야말로 보다 새로운 다짐으로서 '블루오션'적 전략으로 나가면서 온고지신溫故知新할 필요가 있다고 생각되기 때문이다.[13]

---

12) 김위찬, 르네 마보안. 2005. 강해구 옮김. 블루 오션 전략. 서울 : 교보문고.
13) 정조대왕은 溫故知新은 '옛글을 익혀 새 글을 안다'는 뜻만이 아니라 '옛 글을

또한 앞서 살펴본 21세기 사회의 큰 줄기가 되고 있는 지식정보사회 내지 디지털사회 속에서 인문학은 새로운 창조와 대중화의 방법적 전환을 통하여 문화산업의 창조에도 핵심적인 역할을 수행해야 할 책임이 있다. 이러한 맥락에서 인문학의 블루오션 전략은 바로 인문콘텐츠, 문화콘텐츠, 디지털콘텐츠로 나아가는 것이다. 인문학은 새롭고 알찬 온고지신溫故知新의 통찰력으로 깊이 있는 학문적 천착을 지속하면서 그 결과물들을 인문콘텐츠와 문화콘텐츠에 담아냄으로서 학문의 대중적 소통을 통하여 인류의 정신문화와 물질문명이 균형 있게 발전할 수 있도록 이끌어야 할 것이다. 인문학은 이제 좁은 골방으로부터 벗어나 저 푸른 대양을 향해서 항해를 시작해야 한다.

학문의 대중화

현대사회가 인터넷으로 대표되는 디지털사회라고 하지만 아직 완전한 디지털사회가 이루어진 것은 아니다. 대부분 인

익히면 그 가운데서 새로운 맛을 알게 되어 자기가 몰랐던 것을 더욱 잘 알게 된다.'는 의미라고 경연에서 가르쳤다고 한다. 옛 고(古)를 쓰지 않고 까닭 고(故)를 쓴데서 이러한 해석이 가능하며 오늘의 우리들도 재음미하고 깨달아야 할 대목이다(한국학중앙연구원 세종국가경영연구소. 2005. 정조실록으로 떠나는 여행. pp.171-173 참조).

문학의 기초자료와 연구물들은 아직 아날로그 상태이다. 지식을 소통하는 데 중요한 역할을 하는 도서관 역시 아날로그의 비중이 훨씬 높다. 디지털자료는 점점 확대일로에 있지만 아직은 발전단계에 지나지 않는다고 해야 할 것이다. 따라서 앞으로의 도서관은 인문콘텐츠와 문화콘텐츠를 아우르면서 디지털콘텐츠를 구축하고 소통시키는 것이 시대가 요구하는 방향이라고 생각된다.

현재 대부분의 도서관은 책과 멀티미디어 문헌자료를 수집, 보존, 활용시키고 있다. 학자들은 개인적으로 수집해서 공부하는 책도 많지만 고문헌자료 등 역사자료들은 도서관을 이용한다. 전통적 인쇄자료인 종이 책의 편리와 유용성은 아직 훌륭하다. 학생들은 책이 없으면 공부하기 어렵다.[14] 따라서 도서관은 종이책을 지속적으로 유지하면서 사라져가는 책들을 디지털화하는 노력을 기울이지 않으면 안 된다. 예를 들면 서울대학교 중앙도서관에 소장되어 있는 1950년대 이전의 고서들은 우선적으로 디지털 복원사업을 함으로써 원본 보존의 문제와 이용의 편리를 함께 해결해야 한다. 도서관을 통한 인문콘텐츠의 구축은 인문학의 소통을 원활하게 함으로

---

14) 학생들이 교과서를 사지 않으려하는 것은 공부하지 않겠다는 것과 다름이 없다. 공부의 도구를 사용하지 않는 것이기 때문이다.

써 대중의 문화적 수준과 질을 높이는 데 기여할 것이다.

그러나 중요한 것은 디지털사회는 인간사회의 한 측면에 불과하다는 점을 잊어서는 안 된다는 것이다. 디지털은 보존과 소통의 유용한 기술적 방법일 뿐이며 이를 활용하는 것은 인간이기 때문에 인간과 디지털에 있어 주객이 전도되는 현상이 일어나서는 안 될 것이다. 인간은 아날로그도 필요하고 디지털도 필요하다. 인간은 디지털 방식으로 결혼하고 아이를 낳을 수 없다. 디지털 방식으로 음식을 먹을 수도 없다. 인간은 인간이며, 디지털은 디지털인 것이다. 따라서 인간은 앞으로도 인간정신을 뿌리로 하고, 과학기술을 도구로 삼는 인간적 지혜를 발휘하며 살아갈 것이라 확신한다.

1.8 인문학과 통섭

요즘 모든 학문은 '통섭'의 학이 되어야 한다는 주장이 나오고 있다. 미국의 생물학자 에드워드 윌슨Edward Osborne Wilson 1929~의 『consilience : the unity of knowledge. 학문의 대 통합, 통섭』이 1998년에 출간되어 2005년에 우리나라에 번역 소개되었다. 이 책을 번역한 생물학자 최재천 교수는 생물학으로부터 학문의 대 통합을 이루어야 함을 강조하고 있다. [15)16)] 물론 그 이전에도 서울대학교 장회익 교

---

15) 에드워드 윌슨(Edward Osborne Wilson 1929-). consilience : the unity of knowledge. 최재천 역. 학문의 대 통합, 통섭. 서울 : 사이언스북스. "진리의 행보는 우리가 애써 만든 학문의 경계를 존중해 주지 않는다. 학문의 구획은 자연에 실재하는 것이 아니기 때문이다. 진리의 궤적을 추적하기 위해 우리 인간이 그때그때 편의대로 만든 것일 뿐이다. 진리는 때로 직선으로 때

수가 '온생명론'을 주창하였다. 장교수는 그의 저서 『삶과 온생명』에서 자연과학을 우주 전체의 생명의 문제로 보고 동양 철학적인 해석을 시도하였다.[17] 우주는 곧 생명의 질서로서 우주 전체가 하나의 거대한 생명체라는 것이다. 따지고 보면 학문 간의 편 가름은 매우 부질없고 편협한 일이다. 우주의 전체를 보고 학문을 해야만 올바른 생명의 원리와 질서를 알아낼 수 있다. 인문학을 하든, 자연과학을 하든, 저 광대무변한 우주의 생명을 기저로 해야 한다는 것이다. 또한 2005년에 우리나라 인문학자와 자연과학자간 학문적 대화를 정리한 『대담』이라는 책이 출판되어 눈길을 끌었다. 앞서 소개한 생물학자 최재천 교수와 영문학자 도정일 교수와의 대화로 이루어진 이 책은 인문학과 자연과학의 경계는 인간이라는 큰 틀에서는 하나로 통합됨을 여실히 보여준다.[18]

'통섭'의 골자는 한마디로 고대 그리스나 고대 동양의 학문처럼 학문의 본래 모습으로 돌아가야 한다는 것으로 세부 전

로 완만한 곡선을 그리며 학문의 경계를 관통하거나 넘나드는데, 우리는 우리 스스로 만들어 놓은 학문의 울타리 안에 앉아 진리의 한 부분만을 붙들고 평생 씨름하고 있다."〈통섭. p.7 옮긴이 서문 첫 단락에서〉

16) 최재천. 2005. "생물학, 지식을 통섭하는 학문." 『스무살에 선택하는 학문의 길』. 서울 : 아카넷. pp.391-402

17) 장회익. 1998. 삶과 온생명. 서울 : 솔출판사

18) 도정일, 최재천. 2005. 대담. 서울 : 휴머니스트

공자들이 자신만의 좁은 테두리를 벗어나 전체 학문을 인간적으로 조망할 수 있는 눈을 갖자는 것으로 이해된다. 모든 학문은 결국 '인간의, 인간을 위한, 인간에 의한 학문'이기에 좁은 스펙트럼의 색안경을 쓰고는 그런 포괄적 안목을 갖기 어렵다는 것이다. 현재 흔히 나타나고 있는 학문 간의 담쌓기에 대한 경종이라 생각된다. 사실 학문이란 무엇인가? 배우고 묻는 것이다. 배우면서 의문을 가지고 탐구하고 또 배우고 … 여기에 경계란 무의미하다. 학문은 소통되어야 한다. 학문은 한 개인 학자의 전유물이 아니다. 누구든지 배우고 물어서 새로운 것을 터득하여 인류에게 이롭게 하면 되는 것이다.[19]

그런데 통섭을 이루어내는 역할은 역시 인문학이 앞장서야 한다. 어떤 학문을 해도, 어떤 일을 해도 그 저변에는 확고한 '인간정신'이 살아 있어야 하기 때문이다. 여러 분파의 학문도 본래에는 인문학에서 분가되어 나간 것이기에 통합을 이루는 데 있어서도 역시 인문학이 앞장서 소통해야 하리라고 본다. 특히, 도서관을 중심으로.

---

19) "우리 학문, 소통해야 위기 뚫는다." 조선일보 2007년 1월 9일(화) A23면. 한국학술협의회. 2006. "기획 특집, 우리학문 어디에 서 있는가." 『지식의 지평』 창간호(2006년 12월 15일). pp.87-192.

제2장 인문학과 평생교육

"평생교육은 교육 전체를 총괄하는 개념이며
현대사회는 누구든지 평생학습사회에서 자신이 원하든 원하지 아니하든
요람에서 무덤까지 피교육자임과 동시에
교육자로서의 생을 보내지 않으면 안 되게 되었다."

2.1 평생교육의 개념과 특징

　인문학은 사람을 사람답게 하는 학이다. 따라서 인문학에서 교육은 의무이자 필수다. 그런데 교육의 의미를 문자 그대로 '가르치고敎 기르는育 것'이라고 정의한다면 교육의 대상은 어린이와 청소년으로 한정되기 쉽다. 하지만 오늘의 평생학습사회에서 교육은 전 연령, 전 직업부문으로 확대되고 있다. 교육은 유사 이래 다양한 형태로 전개되어 왔지만 언제나 그 대상과 영역은 한정된 상태에서 진행되었다. 이는 정치이념, 종교제도, 신분제도, 가족제도, 경제상황, 지리적 요인 등 여러 제약 조건에 기인하여 나타난 결과라 하겠다. 그러나 민주주의와 대중교육의 확대는 이러한 제약요인들을 점차 극복해 왔으며 정보통신기술의 혁명은 이러한 제약 요인들을 급속도로 무너뜨리고 지구촌 전체를 하나의 지식정보사회로 탈바꿈시키고 있다. 그 결과 인간 모두는 교육의 주체이며 객체인 평생학습사회에 살게 되었다. 따라서 평생교육은 이제 교육의 전체를 총괄하는 개념이 되었으며 현대사회는 누구든지 평생학습사회에서 자신이 원하든 원하지 아니하든 요람에서 무덤까지 피교육자임과 동시에 교육자로서의 생을 보내지 않으면 안 되게 되었다. 다만 문제는 개별적으로 교육자와 피교육자들이 이러한 평생교육상황을 어느 정도 능동적으로 받아들이고 성실히 교육에 임하고 실천하느냐에 따라서 교육의 효과는 천차만별로 다르게 나타날 뿐이다.

평생교육의 세계적 문제 제기와 확산은 유네스코UNESCO에서 시작되었다. 1960년대 이래 유네스코는 교육을 통한 미개의 극복과 삶의 질 향상을 도모하는 국제적인 선도자 역할을 수행해왔다. 세계경제의 발전과 인간성의 향상을 동시에 추구해야 하는 시대적 소명에 발맞추어 평생교육론이 새롭게 등장한 것이다. 그러나 그 결과는 교육의 개념적 기저를 바꾸어 놓았다. 유네스코의 평생교육개념은 렝그랑Paul Lengrand이 기초한 것으로 그는 평생교육을 교육의 수평적 차원과 수직적 차원을 모두 포괄하는 개념으로 정의하였다. 즉 시간적으로는 학습자가 살아가는 전 생애life long에 걸쳐서, 공간적으로는 학습자가 살고 있는 모든 공간life wide이 평생교육의 장이라는 의미가 된다. 평생교육의 개념도를 나타내면 다음과 같다.

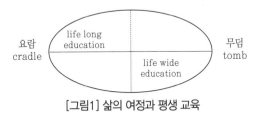

[그림1] 삶의 여정과 평생 교육

평생교육의 개념을 평생교육 및 평생학습사회라는 큰 구조 속에서 분류, 정리하여 보면 다음 표와 같다.

〈평생 교육의 개념 구분〉

기 준	구 분
생애주기	유아교육-아동교육-청소년교육-성인교육-노인교육
교육장소	가정교육-학교교육-사회교육
학교교육과의 관계	학령전교육-학교교육-계속교육
교육내용	기초교육, 일반교육, 직업교육, 전문교육
교육형태	형식교육formal, 비형식교육nonformal, 무형식교육informal
직업생활과의 관련	학습, 일, 삶의 통합 강조 : 순환recurrent 교육

(이해주, 최운실, 권두승. 2006. 『평생교육 프로그램 개발』. 한국방송통신대학교 출판부. p.11의 〈표1-1〉 참조.)

이와 같이 평생교육은 종전의 학교중심 교육, 아동·청소년 중심 교육, 교수자 중심의 교육 개념을 넘어서 전 사회 중심, 전 생애중심, 학습자 중심으로 전환하였다.[20] 평생교육의 개념요소는 삶life, 평생life-long, life-wide, 교육education으로서 인간의 생애를 통해 다양한 장소에서 다양한 교육내용으로 이루어지는 형식교육formal, 비형식교육nonformal, 무형식교육informal을 모두 포함하고 있다.[21]

평생교육론은 교육의 본질적 기반을 과거와는 다른 차원에서 통찰할 수 있게 해 주었고 인간의 교육기반은 바로 평생교육에 두어야 한다는 깨달음을 형성하게 되었다(한숭희 2006, 48-50). 이와 같은 사실은 데이브R. Dave가 종합한 평생교육의 개념적 특징에서 확인할 수 있다.[22]

---

20) 한숭희. 2006.『평생교육론』. 서울: 학지사. 52.

21) 형식교육(formal)은 학교교육이 대표적인 것으로 졸업장, 학위 등 공식적 인증을 받는 교육이며, 비형식교육(nonformal)은 사설학원 교육처럼 공식적 인증을 받지 못하는 교육을 의미한다. 무형식교육(informal)은 가정교육처럼 일상적, 자발적, 우연적으로 이루어지는 모든 교육을 의미한다.

22) R. Dave. 1973. Lifelong learning and school curriculum. Hamburg : UNESCO Institute for Education. : 재인용 : 한숭희. 2006.『평생교육론』. 서울 : 학지사. 160-161 및 윤여각외. 2006.『지역사회교육론』. 서울 : 한국방송통신대학교출판부. 68-69. Dave의 우리말 발음을 한숭희의 저서에서는 '다베', 윤여각외 공저에서는 '데이브'로 표기하고 있다.)

평생교육의 개념적 특징

• 평생교육 개념의 의미에 내포되어 있는 세 가지 기본 용어
는 삶life, 평생lifelong, 교육education으로서 세 가지 용어가
가지는 의미와 그 해석을 어떻게 하느냐에 따라 평생교육
의 범위와 개념이 결정된다.

• 교육은 정기적인 학교교육으로 끝나는 것이 아니라 평생을
통해서 계속되는 과정이다. 평생교육은 개인의 전 생애에
걸쳐 일어난다.

• 평생교육은 성인교육에 국한되는 것이 아니라 취학전 교
육, 초등교육, 중등교육과 그 이후의 교육을 망라하고 통
합한다. 그러므로 평생교육은 교육을 총체적으로 보는 관
점을 취한다.

• 평생교육은 정규교육과 함께 비형식교육과 무형식교육까
지도 포함한다.

• 가정은 평생교육과정을 시작하는데 가장 예민하고 결정적
인 역할을 한다. 가정에서의 학습은 개인의 전 생애에 걸
쳐 작용하는 계속적 과정이다.

- 지역도 역시 어린이가 그 지역과 만나기 시작하는 바로 그 순간부터 평생교육체제에 중요한 역할을 하며 전문적인 직업 영역에서나 일반적인 영역에서나 일생을 통하여 교육적 기능을 행사한다.

- 학교, 대학, 훈련센터 등의 교육기관도 물론 중요하다. 그러나 이것들은 다만 평생교육을 위한 하나의 기관으로서 중요성을 갖는 것이다. 이러한 기관들은 사람들을 교육하는 데 더 이상 독점적 특권을 누릴 수 없으며 지역의 다른 교육기관들로부터 더 이상 고립해서 존재할 수 없다.

- 평생교육은 수직적 차원에서의 계속성과 통합성을 추구한다.

- 평생교육은 수평적 깊이의 차원에서 인생의 모든 단계에서 통합성을 추구한다.

- 교육의 엘리트주의 추구 성격과는 대조적으로 평생교육은 교육의 보편화를 추구함으로써 교육의 민주화를 표방한다.

- 평생교육은 학습내용, 학습도구와 기법, 학습시간의 융통성과 다양성으로 특징지어진다.

- 평생교육은 학습에서 자료와 매체의 적용, 새로운 매체의 개발을 허용하는 역동적인 접근방법을 취한다.

- 평생교육은 교육유형이나 형태의 선택을 허용한다.

- 평생교육은 일반 교양교육과 직업전문교육의 두 가지 요소를 모두 포함한다. 이 두 가지 요소들은 개별적으로가 아니라 서로가 관련된 상태에서 상호 보완적으로 작용한다.

- 개인이나 사회의 적응과 혁신적 기능은 평생교육을 통해서 달성된다.

- 평생교육은 기존의 교육체제의 결점을 바로잡아주는 교육 개혁적 의미를 지닌다.

- 평생교육의 궁극적인 목적은 인간의 삶의 질을 향상시키는 것이다.

- 평생교육을 위해서는 교육기회, 동기유발, 교육가능성 등의 세 가지 중요한 전제조건이 필요하다.

- 평생교육은 모든 교육의 조직 원리이다.

- 실천적 차원에서 평생교육은 모든 교육의 전체적 체계를

제공한다.

이와 같은 평생교육의 기본틀 위에서 교육자가 감당해야 할 책임과 역할은 그만큼 무겁고 광범하며 중요하게 되었다. 세계 도처에서 출몰하고 있는 지식과 기술, 정보들을 신속 정확하게 습득하여 모든 교육에 활용해야 하기 때문이다. 그러나 이러한 책임은 예나 지금이나 교육자에게만 국한되지는 않는다. 교육의 효과는 교육대상자의 자발적 노력에 의해서 성취되는 부분이 크기 때문이다. 특히 성인교육에 있어서는 교육자와 교육대상자가 연령적으로 역관계를 이룰 수 있기 때문에 상호 학습 동료로서의 역할이 크다. 교사가 제시하는 지식과 정보를 피교육자가 새롭게 구성하면서 교육의 내용을 수정 보완할 수도 있는 것이다.

2.2 구성주의 교육학의 대두

　구성주의 교육학은 기존의 산업사회를 지배했던 객관주의 인식론에 대응하여 지식정보사회의 대안적 인식론으로 등장한 이론이다. 즉 교수·학습 영역에서 객관주의 패러다임이 지닌 한계와 문제점에 대한 비판과 더불어 새로운 시대정신을 반영한 대안으로서 지식(앎)의 형성과 습득을 개인의 인지작용과 사회적 상호작용에 비추어 설명하는 상대주의 인식론에 기반을 두고 있다. 따라서 학습의 본질과 학습이 이루어지는 과정에 대한 근본적인 변화를 요구한다. 이는 곧 교사 중심에서 학생 중심, 암기적 지식에서 맥락적 지식, 획일적 환경에서 풍부하고 다양한 학습 환경으로의 변화를 의미한다.

전통적 교수·학습이론은 객관주의 인식론에 근거한다. 객관주의는 진리 또는 지식을 개인의 의지와 관계없이 독립적으로 존재하는 고정된 실체로 본다. 따라서 보편타당한 절대적 진리와 지식 추구를 최종 목표로 한다. 객관주의 인식론은 지식이란 고정되어 있고 확인할 수 있는 것으로 일단 이러한 지식이 확립된 다음에는 역사적, 문화적, 시대적인 제약을 벗어나서 모든 경우에 적용할 수 있다고 보는 것이다 (강인애 2005, 15-16).

반면에 구성주의는 개인은 어느 특정한 사회에 속하여 살아가면서 그 사회적, 문화적, 역사적 배경에 영향을 받게 된다는 것이다. 따라서 개인은 그가 속한 역사적, 사회문화적 환경의 영향을 바탕으로 자신의 인지적 작용에 따라 앎을 지속적으로 구성해 나아가며 그 결과로 생성되는 것이 지식이라는 것이다. 구성주의의 목표는 절대적 진리나 지식이 아니라 현실을 이해하고 살아가는 데 의미 있고 적합한 자신의 지식을 스스로 구성해 나가는 것이다. 객관주의와 구성주의의 인식론적 차이를 정리하면 다음과 같이 비교할 수 있다 (강인애 2005, 16-17).

〈객관주의와 구성주의의 인식론적 차이〉

기 준	객관주의	구성주의
지식	고정적이고 확인할 수 있는 대상	개인의 사회적 경험을 바탕으로 하여 개인의 인지적 작용에 의해 지속적으로 구성, 재구성되는 것
지식의 특징	초자연적, 초공간적, 범 우주적인 성격	특정 사회, 문화, 역사, 상황적 성격의 반영과 구현
현실	규칙적으로 규명 가능하며 통제와 예측이 가능	불확실하며, 복잡하고, 독특하며, 예측이 불가능
최종 목표	모든 상황적, 역사적, 문화적인 것을 초월하여 적용할 수 있는 절대적 진리와 지식의 추구(truth)	개인에 의해 의미 있고 타당하고 적합한 것이면 모두 진리이고 지식(viability)
주요 용어	발견(discovery/find) 일치(correspondence)	창조(creation) 구성(construction)

구성주의 학습원칙

구성주의 학습원칙의 특성은 학습자의 주인의식, 학습자의 자아 성찰적 실천, 협동 학습 환경의 활용, 교사의 조언자 내지 동료학습자로서의 역할, 실천적 과제의 제시 등을 특징으로 한다. 이들 원칙을 좀 더 구체적으로 살펴보면 다음과 같다(강인애 2005, 20-25).

• 학습자의 주인의식

구성주의의 기본은 학습자 스스로에 의한 지식의 구성이라는 데 그 특징이 있다. 학습자가 주인이 되어 교수 학습을 구성해야 하므로 학습은 학습자의 능동적 참여 없이는 이루어질 수 없다.

• 학습자의 자아 성찰적 실천

학습자는 자아를 성찰하고 학습대상의 문제를 깨달음으로써 이를 실천으로 연결시켜야 한다. 깨달음을 실천으로 옮기지 못하는 교육은 헛수고에 지나지 않는 것이다.

• 협동 학습 환경의 활용

교육의 사회적, 역사 문화적 맥락을 중요시한다. 따라서 학습에 있어서도 협동적 학습은 필수적이다. 구성과 깨달음은 스스로 하지만 물리적 교육환경 그리고 동료 및 교사와의 협동적 노력을 통해서 개개인의 깨달음을 더욱 촉진시킬 수 있다.

• 교사의 동료 내지 조언자로서의 역할

교사는 우월적 지위에서가 아니라 동료학습자로서 또는 조언자로서의 역할을 수행한다. 교사가 주어진 내용을 체계적으로 제시하는 것이 아니라 학습자가 스스로 터득할 수 있는 제반 조건을 마련하고 도와주는 역할을 수행해야 한다.

• 실천적 과제의 제시

과제는 구체적 상황을 배경으로 한 실천적인 과제를 제시하여야 한다. 이러한 실제적 과제는 학자적 수준에서가 아니라 학습자의 인지수준과 필요에 알맞은 과제라야 한다.

구성주의와 객관주의의 조화

구성주의 교육을 강조함으로서 기존의 객관주의 교육이 전혀 무용지물이 되는 것은 아니다. 객관주의의 장점도 여전히 존재하기 때문이다. 특히 객관주의는 과학정신에 그 근거를 두고 있다. 따라서 인간과 우주에 대한 객관적인 탐구는 학문과 교육에 있어 필수적이다. 과학의 보편타당성과 진리성은 유사 이래 우리 인간이 추구해온 학문정신이다. 이러한 보편타당성이 구성주의로 인해 그 가치가 왜곡되거나 평가절하 되어서는 안된다. 학문의 정신은 객관적 연구태도를 견지하되 개개인의 학습과 인식과정에서는 스스로 깨우쳐 나가는 교육의 방법이 구성주의적 태도의 본뜻일 것이다. 특히 자연과학분야에서는 자연현상의 법칙과 원리를 발견하고 이를 응용하는 것이 과학의 목적이기 때문에 이러한 객관적 태도가 매우 중요하다. 인문사회과학은 자연과학에 비해 전 인류에게 보편타당한 원리보다는 사회문화적 배경 속에서 형성되는 특징을 지닌다. 그러나 인문사회과학에도 객관주의적인 학문태도를 추구하면서 그 인식과정에서는 구성주의적, 창의적 교수학습 방법을 활용할 필요가 있다. 결국 객관주의는 진리탐구의 기본 정신이며, 구성주의는 모든 학문에 대한 개별적이며 창의적인 교육 학습방법이라고 이해해야 할 것이다.

평생교육과 구성주의 교육의 연관

평생교육은 자발성을 기초로 한다. 전 생애에 걸쳐서 자발적으로 교수학습을 하기 위해서는 보다 능동적인 교육방법에 바탕을 두지 않을 수 없다. 즉 평생교육은 교육의 큰 틀을 구성하며, 구성주의는 모든 교육과정에 적용되는 자발적이고 능동적인 교수학습의 방법이라 할 수 있다. 그러나 평생교육에 있어서도 객관주의적 학문태도는 필수적인 것이며 지식에 도달하는 방법에 있어서는 자발적 창의성을 발휘할 수 있는 구성주의 교육이 적용되어야 한다. 구성주의는 자발적인 교육환경의 조성과 학습자의 자각이 바탕이 된다는 점에서 평생교육과 구성주의 교육은 동전의 앞뒤와 같이 밀접한 연관을 가지고 있다.

교육과정과 평생교육

교육과정은 학교교육의 성격과 질을 결정하는 중요한 요인이다. 학생들이 어떤 교육의 내용을 어떤 방법으로 수업하면서 학교생활을 하느냐의 문제는 학생 개개인의 행동변화 및 가치관의 형성에 지대한 영향을 미친다. 이는 또한 장차 사회의 질적 수준과 성격을 형성하는 주요 요인이 된다. 학교생활이 곧 사회생활로 연장되는 것은 당연한 원인과 결과의 논리이기 때문이다. 교육학의 영역은 여러 갈래로 세분되어 있지만 이들 세부영역들의 연구는 모두 교육과정 및 교육방법의 문제를 해결하기 위한 기초과학 내지 보조과학으로서의 성격을 띠는 것이라고 말할 수 있다. 교육과정은 교육의 방법을 구체화하는 것으로서 교육의 목적에 직결되는 문제이다(함종규 2003, 4).

우리나라는 근대교육제도가 도입된 이래 교육과정에 많은 변화와 발전이 모색되어 왔다. 우리나라의 초·중등 교육과정은 건국 이래 7차례의 개정을 거치면서 새로운 시대의 변화에 대응하려는 노력을 기울여 왔다. 그러나 정책의 오류와 시행착오 등 문제점이 적지 않게 노정되었던 것도 사실이다.

과거의 객관주의 내지 주지주의 교육은 결과적으로 수동적인 인간을 형성하였다. 수동적 교육을 받은 사람들은 사회에 나가서도 시키지 않는 일은 하지 않는 성향을 띠게 되었다. 그러나 제 7차 교육과정의 목표는 획기적이다. 1996년 교육개혁위원회가 내세운 교육과정의 기본 방침은 시대적 변화상을 적절히 간파하여 '열린교육사회, 평생학습사회' 라는 비전을 내걸고 그 기본 개혁 방향을 다음과 같이 설정하였다(함종규 2003, 664).

"정보화, 세계화시대의 도래와 함께 지식 정보의 양은 폭증하고 그 생산과 소멸의 주기가 매우 빨라지고 있다. 이제 모든 국민에게 평생학습 기회를 보장하는 것은 각 개인의 성공적 삶을 위해 절실하다. 따라서 누구나 언제 어디서나 원하는 공부를 할 수 있는 열린 교육체제의 기반을 구축하는 것은 시대적 요청이다. 이를 위한 제도적 기반으로 언제, 어디서나 개인이 이수한 과정을 평가하여 학점으로 인정하고, 학위도 취득할 수 있게 하는 학점은행제, 학생이 원하는 시간에 공부할 수 있게 하는 시간제 등록제 등을 수립한다. 이와 함께 첨단 통신매체를 활용한 원격교육체제 구축, 학생의 전·편입학 허용, 전공 이수학점 축소, 학교와 사회교육기관의 프로그램 다양화 등을 추진한다. 기술적 기반 구축을 위해서는 누구나, 언제 어디서나 원하는 학습자료 및 교육 정보를 구할 수 있도록 국가 멀티미디어 교육 지원센터를 설치 운영한다."

〈표7〉 미래 교육과정 개혁의 방향

기존 교육과정	미래의 교육과정
관료중심 결정	공동체적 결정
지식 기술 중심	인간 존중 중심
3R's 전통적 문해력	다원적 문해력
교수중심	학습자 중심
외적 양적 평가	내적 질적 평가
일방적 교수 학습 관계	상호적 교수 학습관계
과거/현재/미래 중심	과거/현재/미래 중심
지식 정보 중심	문제해결 중심
영역주의	통합(전체)주의
독점적 지위 촉구	생태적 연대의식 강조

(함종규 2003, 665-666)

이와 같이 우리나라의 제7차 교육과정의 기본 방향은 평생교육의 이념과 학습자 중심의 구성주의 교육방법을 적극 반영하고 있다. [23)]

---

23) 우리나라 교육과정은 7차 교육과정까지 차수를 붙였으나 그 이후의 교육과정을 차수를 붙이지 않고 개정 연도로 표기하고 있다.

2.3 인간발달과 평생교육

발달심리학 이론에 따르면 인간의 발달은 인지발달, 도덕성 발달, 사회성 발달로 구분된다. 인지 발달은 세상을 인식하고 지식과 정보를 이해하고 판단할 수 있는 능력이다. 이 능력은 유아기부터 서서히 형성되면서 말과 글을 배워 익히고 심화시켜나간다. 성인이 되어서는 인지발달 속도가 완만하며 노년기에 이르면 오히려 퇴보되기도 한다. 도덕성 발달은 선과 악을 구분할 수 있는 윤리적 판단능력으로 경험을 통해서 서서히 형성된다. 도덕성은 가정의 성장 환경 요인, 즉 부모의 윤리적 생활을 통한 실천 교육적 역할이 매우 중요하다. 사회성 발달은 다른 사람들과의 공동체적 삶을 인식하고 적응하는 능력이다. 타인에 대한 신뢰감과 의심, 자율성과 타율성, 주도성, 근면성 등이다. 도덕성과 사회성은 청소년기까지 급속히 발전하며 평생을 통해서 끊임없이 변화, 대체되어 간다. 개체로서의 인간은 인지, 도덕성, 사회성이 고르게 발달되어야 인간다운 삶을 영위할 수 있다.

평생교육은 인간발달에 따른 연령대에 맞추어 적절한 프로그램을 개발하여 제공해야 한다. 영유아를 위한 프로그램, 어린이를 위한 프로그램, 청소년을 위한 프로그램, 여성을 위한 프로그램, 직장인을 위한 프로그램, 노인을 위한 프로그램 등을 다양하게 개발하고 주제전문가를 초빙하여 실속 있는 교육 서비스를 제공해야 한다.

어린이를 위한 평생교육

어린 시절의 교육 경험은 평생 동안 각인된다. 어린이교육은 학교교육도 중요하지만 학교 밖에서의 생활 교육이 더욱 중요하다. 어릴수록 학교보다는 학교밖에 있는 시간이 더 많기 때문이다. 따라서 가정과 지역사회의 교육환경은 어린이에게 절대적인 영향을 미친다. 지역사회 속에서 가정, 탁아시설, 유치원, 초등학교, 공공도서관은 어린이의 평생교육에 핵심적 역할을 수행할 수 있다.

우리사회에서의 어린이의 연령 정의는 0세부터 만 13세까지로 보는 것이 통설이다. 이는 교육제도를 반영한 것으로서 초등학생 까지는 어린이, 중학생과 고등학생은 청소년, 그리고 대학생 이상은 성인으로 보는 데서 비롯된 것이다. 어린이를 위한 도서관 서비스는 0세부터 13세까지의 어린이를 다시 연령대별 발달 단계에 따라 구분하여 융통성 있게 제공하고 있다.

　　어린이를 위한 프로그램은 일종의 놀이에 속한다. 학교의 성적을 높이기 위한 시험공부에 직접적으로 도움이 되는 프로그램은 많지 않다. 학교 수업처럼 커리큘럼과 학습과제에 따라 딱딱하게 진행하는 것이 아니라 책에 있는 내용들을 실제로 구현해보거나 야외에 나가 현장학습을 하는 등 우리 생활과 과학에 대한 흥미를 북돋기 위해 노력한다. 도서관에 소장되어 있는 광범위한 자료 가운데서 선택하여 읽어주고, 그림을 그리고, 표현을 하게하고, 만들어 보고, 어떤 것은 여러 사람이 협동하여 실행하여 보는 것이다. 예를 들어 『돌멩이 국』이라는 책을 읽고, 책에 있는 내용대로 직접 돌멩이 국을 끓여 나누어 먹으며 책에서 의도하는 '나눔의 사회'를 체험하게 하는 것이다. 어린이 평생교육 프로그램은 영유아를 위한 프로그램, 취학 전 어린이를 위한 프로그램, 초등학교 저학년 어린이 프로그램, 초등학교 고학년 어린이 프로그램으로 진행된다. 〈표 11-1〉은 어린이 프로그램의 사례를 나타내고 있다. 그러나 각 평생교육 주체는 이 표의 프로그램 명칭에 불구하고 창의적이고 새로운 프로그램들을 계속 개발하여 실행하는 것이 바람직하다.

〈어린이 프로그램 예시〉

취학 전 어린이	초등학교 저학년	초등학교 고학년
북스타트	동화구연	독서교실
동화구연	독서교실	고전읽기
장난감으로 모형 쌓기	글쓰기	자료 찾아 글쓰기
그림 그리기, 색칠하기	현장학습	바른 말 고운 말
글씨쓰기, 숫자세기	바른 말 고운 말	스피치
인사습관, 생활예절	스피치	아동문학교실
자연체험학습(식물, 곤충, 동물 알기)	자연 체험학습(식물, 곤충, 동물알기)	한자교실
안전위생(교통안전, 청결, 정돈, 식품)	한자교실	신문 활용 교육(NIE)
옛날이야기	생활안전	어린이의 철학
	생활예절	신화교실
	생활과학	우리고장 역사탐구
	신화교실	우리고장 지리탐구
	옛날이야기	우리고장 자연탐구
	전통놀이	어린이 사서
		어린이 기자
		영화감상
부모교육	부모교육	생활안전과 생활예절

청소년을 위한 평생교육

루소는 '에밀'이라는 저서에서 "인간은 두 번 태어난다. 한 번은 존재하기 위하여, 다른 한번은 살아가기 위해 태어난다."고 하였다. 청소년기는 인간이 살아가기 위하여 다시 태어나는 시기이다. 청소년기에는 인간발달에 있어 급격한 변화가 일어난다. 청소년기에 형성된 인지능력, 도덕성, 사회성은 그 이후의 인생 여정에 바탕이 된다.

발달심리학의 이론에 의하면 인간은 요람에서 무덤에 이르기까지 발달의 과정을 거친다고 한다. 인간발달의 과정은 영아기, 유년기, 아동기, 청소년기, 성년초기, 중년기, 노년기로 구분된다. 그리고 이러한 발달 시기마다 달성해야 할 발달과업이 있으며, 발달과업을 성취하면 사회적인 인정을 받고 행복한 삶을 살 수 있으나 발달과업을 성취하지 못할 경우 사회적인 인정을 받지 못하고 행복한 삶을 살기도 어렵다는 것이다.[24] 해비거스트Havighurst는 청소년의 발달과업을 다음과 같이 제시하였다.[25]

---

24) 이해주, 최운실, 권두승. 2006. 평생교육 프로그램 개발. 한국방송통신대학 교출판부. p.186
25) 이해주, 최운실, 권두승. 2006. 평생교육 프로그램 개발. 한국방송통신대학 교출판부. p.167

- 급격한 신체적, 정신적 발달에 적응하고 남녀의 기능, 역할을 인식하여야 한다.

- 청소년기는 이성에 대한 새로운 교우관계를 형성하여야 한다.

- 청소년기는 부모나 성인들로부터 정신적 독립을 이룩해야 한다.

- 청소년기는 경제적 자립의 필요성을 깨달아야 한다.

- 청소년기는 직업 선택과 그 준비에 몰두하여야 한다.

- 청소년기는 시민으로서 필요한 지식, 기능, 태도를 습득하여야 한다.

- 청소년기는 사회적으로 책임 있는 행동을 실천하여야 한다.

- 청소년기는 결혼 및 가정생활에 대해 준비하여야 한다.

- 청소년기는 추상적, 논리적 사고력을 배양하고 현실을 객관적으로 파악하는 태도와 가치관을 확립하여야 한다.

이렇게 볼 때 청소년에 대한 모든 교육을 학교에만 미루어 둘 수는 없으며 사회의 모든 기관들이 협동하여 평생교육기회를 충분히 제공해야 한다. 청소년 평생교육 프로그램은 지역사회에서 청소년이 이용할 수 있는 모든 생활교육 프로그램으로 정의할 수 있으며, 이는 해당 기관들의 협동적 노력이 있어야만 달성할 수 있다. 청소년을 대상으로 한 지역사회 교육 프로그램은 다음과 같은 특징을 지닌다.

- 청소년 평생교육프로그램은 지나친 입시경쟁 및 폐쇄적인 교육환경으로부터 오는 피로와 긴장을 완화시켜 기분 전환을 할 수 있게 해야 한다.

- 청소년 평생교육프로그램은 획일적이고 경직된 학교교육에서 벗어나 주체적으로 자기를 표현할 수 있는 기회를 제공해야 한다.

- 청소년 평생교육프로그램은 단체 활동을 통해 공동체적 가치를 부여하여 연대감을 증진시키고, 무력감과 극단적 이기심을 극복하고 인간관계를 개선하며 사회적 적응능력을 향상시켜야 한다.

- 청소년 평생교육프로그램은 여가를 향유할 수 있는 능력을 향상시켜 삶의 질을 높일 수 있도록 해야 한다.

- 청소년 평생교육프로그램은 직업에 대한 소명의식과 적성에 맞는 직업을 조기에 선택하도록 조력하며 근면성과 성실성 그리고 경제적 토대를 다져갈 수 있는 능력을 길러주어야 한다.

- 청소년 평생교육프로그램은 정보사회에 적응할 수 있는 정보 문해 능력과 정보 검색능력 및 체계적인 정보 표현 능력을 길러주어야 한다.

- 청소년 평생교육프로그램은 개인, 조직, 사회생활에서 서비스 마인드를 가지고 세계 사회에 진출할 수 있도록 글로벌 에티켓 및 서비스 능력을 길러주어야 한다.

청소년 평생교육프로그램[26]

- 자아개발프로그램 : 정서훈련, 가치훈련, 도덕성 훈련, 인간관계훈련 프로그램

---

26) 이해주, 최운실, 권두승. 2006. 평생교육 프로그램 개발. 한국방송통신대학 교출판부. p.171의 〈표9-1〉을 요약함.

- 시민의식 함양 프로그램 : 개인의 권리와 의무, 사회문제를 비판할 수 있는 프로그램

- 교양 및 여가증진 프로그램 : 언어, 문학, 예능, 스포츠 프로그램

- 직업능력 증진 프로그램 : 올바른 직업관, 직업 선택 결정, 직무지식 및 기술 프로그램

- 정보능력 함양 프로그램 : 정보 리터러시와 정보 조직 및 표현, 건전한 정보문화 육성을 위한 프로그램

- 봉사활동 프로그램 : 이웃에 대한 관심, 고아원, 양노원 등 시설봉사 프로그램

- 자연체험활동 프로그램 : 자연탐사, 캠프 활동

- 국제교류 프로그램 : 세계화 감각 배양, 테마여행 프로그램, 국제예절 프로그램

- 문화 활동 프로그램 : 우리문화 알기 프로그램, 영어로 우리나라 문화 소개하기

- 사회 안전 프로그램 : 비행 청소년, 가출, 이혼, 소외

(왕따), 노인 및 아동학대 등 각종 사회문제 예방 및 치유프로그램

이러한 다양한 평생교육 프로그램 유형에서 각 지역사회 도서관이나 교육기관들이 할 수 있는 프로그램을 선택, 개발하여 지속적으로 개선하고 보완하여 시행해야 할 것이다.

여성을 위한 평생교육

인간은 남성과 여성, 둘 중 하나로 태어난다. 거의 모든 나라에서 전통적으로 남과 여의 사회적인 역할은 남성은 주로 밖에서 활동하고, 여성은 집안에서 주로 활동하는 것으로 형성되어 왔다. 우리 말 속에서도 남편은 '바깥양반', 부인은 아내(안에)[27] 또는 '집사람'으로 사용되고 있는 것은 남녀의 성역할을 그대로 나타내고 있다.

평생교육 대상으로서의 여성은 인간의 발달과정상 학교교육을 마치고 직장생활 또는 결혼에 이르러 아기를 낳아 기르는 30세 무렵부터 60세 정도까지의 중년기 여성을 대상으

---

27) 결혼한 여성을 폄하여여 '여편네'라고 하는 것은 원래는 남편에 대하여 '여편'이라는 의미이므로 여성을 폄하하는 말이 아니지만, 주로 화가 날 때 '이놈의 여편네' '저놈의 여편네' 등으로 사용하게 되어 본래의 뜻이 변질된 것 같다.

로 하며, 여자 어린이와 여자 노인은 남·여 구분 없이 어린이를 위한 평생교육 프로그램과 노인을 위한 평생교육 프로그램에 포함된다.

여성의 중년기는 자녀의 출산, 양육, 자녀교육과 가정살림을 도맡아 하면서 단산과 폐경 등 신체적 변화까지 겪게 되는 시기이다. 30대는 남편에 비하여 '갇혀 있는' 상태로 학교 교육에서 배운 지식의 상실감과 불안감을 갖기 쉽고, 40대는 자녀의 성장과 남편의 출근으로 혼자 집을 지키는 '빈둥지empty nest' 증후군에 걸리기 쉬우며, 단산, 폐경 등의 신체적 변화를 겪으면서 자신의 존재감, 노년에 대한 두려움 등으로 우울증에 빠지기 쉬운 시기이다.

여성을 위한 평생교육은 위와 같은 중년여성들이 겪는 사회적, 심리적 갈등을 해소하고 여성의식의 고양과 사회 참여, 여가활용 및 취미교육, 교양교육, 직업 능력교육, 학업 성취 등을 돕는 프로그램을 개발 시행하는 것이 바람직하다.

- 여성의식 교육 프로그램 : 여성의 자아 존재감, 사회적 책임감과 역할 의식교육

- 직업능력 교육 프로그램 : 직업을 위한 기능 기술 교육

프로그램

- 여가 및 교양교육 프로그램 : 생활체육, 건강, 건전가요, 악기연주, 문예창작 등

- 학력인정교육 프로그램 : 초·중·고등학교 검정고시 대비, 독학사 학위 대비 과정 등

노인을 위한 평생교육

국제연합UN이 정한 바에 의하면 고령화 사회는 65세 이상 노인인구 비율이 전체 인구의 7% 이상을 차지하는 사회를 말한다. UN은 또 65세 이상 노인인구 비율이 14% 이상이면 고령사회, 20% 이상이면 초 고령사회라고 정의하고 있다. 우리나라는 2000년 7월 1일을 기준으로 65세 이상의 인구가 전체 인구의 7.1%를 넘어서 고령화사회에 진입하였으며 2017년 4월 현재 노인 인구 비율은 13.8%에 도달했다. 통계청은 우리나라의 고령사회는 노인인구가 14.3%에 이르는 2018년, 그리고 초 고령사회는 노인인구가 20.8%에 도달하는 2026년이 될 것으로 전망하고 있다.

우리나라도 이제 고령화 사회에 진입함에 따라 노인문제가 새로운 사회문제로 대두되고 있다. 정신적 육체적으로 병

없이 오래 사는 것은 좋은 일이지만 65세 이상의 노인이 되면 건강의 약화와 배우자의 사별, 가족과 사회에 대한 역할 부재 등으로 정신적, 육체적으로 무력감에 휩싸이기 쉽다. 이러한 노인 문제를 사회적으로 해결하기 위해서는 노인복지관 뿐 아니라 지역사회의 모든 공공기관들이 관심을 가지고 노인문제를 협동적으로 해결해 나가지 않으면 안 된다.

평생교육사회에서는 노인도 교육에 대한 욕구가 강하다. 집안이나 파고다공원 또는 다리 밑에서 화투나 술로 무료한 시간을 소일하기 보다는 교육을 통해서 보람과 가치 그리고 사회에 대한 공헌의 계기를 마련할 필요가 있다. 노인의 발달과업과 교육욕구는 다음과 같이 지적 영역, 정의적 영역, 사회적 영역, 신체적 영역에서 다양하게 표출된다.[28]

- 지적 영역 : 노인들은 세대차와 사회 변화에 대한 이해, 은퇴 이후의 생활 설계, 정치, 경제, 사회 문화에 대한 최신 동향 파악, 건강에 관한 지식 등의 발달과업과 교육 욕구가 있다.

---

28) 이해주, 최운실, 권두승. 2006. 평생교육 프로그램 개발. 한국방송통신대학 교출판부. p.201의 〈표9-12〉를 풀어서 설명함.

- 정의적 영역 : 적극적인 생활태도 유지, 취미와 여가생활, 수입 감소에 대한 적응, 허무감과 소외감을 극복하고 인생의 의미 찾기, 배우자 사망 후의 생활 적응, 죽음에 대한 준비 등의 발달과업과 교육 욕구가 있다.

- 사회적 영역 : 같은 또래 노인들과의 친교 유지, 일과 책임의 합리적 대물림 또는 사회 환원, 가정 및 사회에서의 어른 역할, 자녀와 손자, 손녀들과의 관계 유지 등에 대한 발달과업과 교육 욕구가 있다.

- 신체적 영역 : 줄어드는 체력에 적응, 건강유지를 위한 운동과 섭생, 지병 및 쇠약에 대한 올바른 처방 등에 대한 발달과업과 교육 욕구가 있다.

현재 노인교육을 실시하고 있는 기관들은 대한노인회, 노인복지회관, 경로당, 기독교, 불교, 가톨릭 등 종교단체의 노인복지시설, YMCA, YWCA 등 각종 사회봉사단체 등이 있으며 지역에 따라 공공도서관도 노인프로그램을 개설하고 있다.

2.4 인문학과 인성 평생교육

인문학은 인성을 형성하고 지탱하는 뿌리다. 인성은 인격의 중심에 있다. 인성은 가정교육, 학교교육, 사회교육 등 모든 교육환경에서 자연스럽게 형성된다. 가정에서는 어른들과 형제자매들의 행동과 예절을 통해서, 학교에서는 선생님의 인격과 언행을 통해서, 그리고 또래 친구들과의 관계 형성을 통해서 인성이 형성된다.

또한 가정에서나 학교에서의 독서와 글쓰기는 인성교육에 지대한 영향을 미친다. 책 읽기와 글쓰기는 그 자체가 인성교육이라 할 수 있다. 의도적으로 인성교육을 표방하고 윤리 도덕 교과목을 수업에서 가르치는 것은 인성교육이라기보다 지식교육이다. 수업에서 다루는 과목은 시험을 치러 성적을 매겨야 하므로 인성교육의 효과는 적다. 윤리도덕을 암기과목으로 익히면 진정한 깨달음을 형성하지 못하여 그 내용이 아무리 좋다고 하더라도 실천으로 연결되지 않는다.

인성교육에 도움이 되는 책들은 주로 동서양의 고전들이다. 고전이 어렵다는 선입견이 있지만 고전을 쉽게 읽는 방법을 개발하면 된다. 우선 한글 전용정책을 따르되 고전 독서를 위해서는 한자를 배워야 한다. 한자와 한문을 영어처럼 외국어로 배우면 한글 전용정책에 위배되지 않을 것이다. 서양고전도 영어나 해당 외국어의 원문으로 읽는 것이 바람직하다. 한편 외국어를 공부하더라도 국어공부가 더 중요하다는 것을 명심할 필요가 있다. 우리 국어를 제대로 하면서 외국어를 해야지 그렇지 않으면 국어가 고생한다. 수 십 년간의 영어교육의 영향으로 현재 우리국어는 영어를 번역한 것 같은 어색한 문장으로 변하고 있다.

글쓰기는 자신의 생각을 글로 표현하는 것이므로 쓰는 것만으로도 효과적인 인성교육이 된다. 일기를 쓰면 자신을 반성하게 되어 앞날의 생활을 바르게 하는데 도움이 된다. 조선조의 승정원일기나 일성록은 당시 왕과 왕실 사람들의 성찰의 기록이라 할 수 있다. 편지는 또 다른 소통의 방법이다. 요즘은 군대나 가야 편지를 쓰지만 예전에는 정성을 담아 보내온 편지가 눈물겹도록 고맙고 감동적이었다. 편지를 주고받으면 가족이나 친구들의 마음을 더 잘 이해하고 서로 돕는 마음이 싹튼다. 그리고 글을 쓰다보면 글이 늘어서 훌륭한 문인이 될 수도 있다.

인성교육에는 사랑이 필수적이다. 상대를 알아주고, 이해하고, 도와주는 자상한 선생님의 사랑이 문제아를 정상아로 만든 생생한 기록이 있다. 2016년 9월에 출간된 어느 교사의 책『그 아이만의 단 한사람』은 학교 현장에서의 인성교육 활동사례를 잘 보여주고 있다. 학부모나 교사나 인성교육에는 상대를 알아주고 도와주는 사랑의 실천이 필요하다는 것을 이 책은 실증하고 있다. 오늘(2016.12.26.월) 불우한 고아 10명을 입양하여 반듯하게 키우고 있는 강릉의 한 목사 부부이야기가 인터넷에 올라왔다. 이 크리스마스 겨울에 가슴이 따뜻해진다.

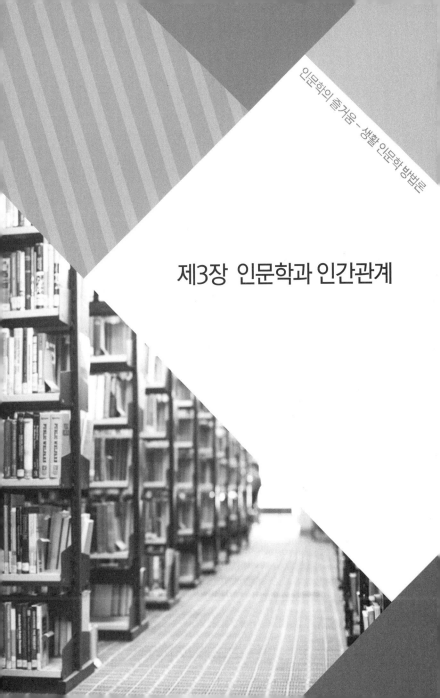

제3장 인문학과 인간관계

"대화는 언어와 동작이 어울려 사용되며
이 두 가지를 적절하고도 조화롭게 활용해야만
좋은 인간관계를 유지할 수 있다."

3.1 대화의 인문학적 의미

　인문학은 인간관계의 학이다. 인간관계는 대화와 소통을 통해 형성된다. 그렇다면 인간에게 바람직한 대화란 무엇이고, 또 어떻게 해야만 하는가? 이것은 너무 쉬우면서 또 너무 어려운 질문이다. 대화는 모든 인간관계에 포괄적으로 들어가는 요소이기 때문이다. 우리는 날마다 말을 하고 산다. 말은 독백이 아닌 한 항상 상대방이 있다. 상대방이 있다는 것은 인간관계가 형성된다는 뜻이다. 혼자 말을 하는 것(독백)은 자기 스스로가 상대가 되며 이 경우는 자기 자신과의 관계, 즉 생각이 이루어진다. 자신에 대한 자신의 말은 매우 바보 같기도 하고 매우 철학적이기도 하다. 바보 같은 언설은 혼자 구시렁거리거나 혼자 웃는 등 정신적인 문제가 있는 경우도 있다. 그러나 인문 철학적인 물음은 참 자신을 발견하기 위한 끊임없는 자기반성과 성찰로 이어진다.

말, 말은 곧 인간관계이다. 말을 잘하면 좋은 인간관계가 형성되고, 말을 잘 못하면 인간관계가 피상적이거나 진실하지 못하여 별로 달갑지 않은 관계가 된다. 비록 이전에 좋은 사이였다 하더라도 말을 잘 못하면 좋지 못한 관계로 변화되기 쉽다. 또한 이전에 비록 소원하고 미덥지 않은 관계였더라도 진실한 말로 신뢰를 형성하면 좋은 사이로 발전할 수 있다. 그러나 말 잘못으로 좋은 사이가 나쁜 사이로 전락하기는 쉬워도 좋지 않았던 관계가 좋은 사이로 변하려면 그만큼 시간과 노력이 훨씬 많이 든다.

말은 의사소통의 도구이다. 그러나 의사소통은 말만으로 이루어지는 것은 아니다. 언어 이외의 소통 방법, 즉 신체언어도 있다. 신체언어는 얼굴표정, 손짓, 발짓, 몸동작 등을 말하는 것으로 서양에서는 이를 연구하는 분야를 '동작학 kinesics'이라고 부르고 있다. 동작학의 연구에 의하면 면대 면의 대화에서는 말보다 오히려 얼굴의 표정이나 동작이 말하는 사람의 진의를 더 드러낸다고 한다. 말은 긍정을 표현하더라도 얼굴표정이나 동작이 부정적이면 결과는 부정으로 나타난다는 것이다. 이는 대화에 있어 말도 중요하지만 표정이나 동작이 더욱 중요하다는 것을 뜻한다.

이렇게 대화는 언어와 동작이 어울려 사용되며 이 두 가지를 적절하고도 조화롭게 활용해야만 좋은 인간관계를 유지할 수 있다. 따라서 본 장에서는 먼저 언어적 대화를 세부적으로 살펴보고, 비언어적 대화에 있어서도 신체 부위별 유의점에 관해 비교적 상세하게 다루고자 한다. 인간관계에서의 대화에서 말과 글을 제대로 활용하는 방법들, 그리고 보디랭귀지body language의 문제를 함께 다룸으로써 대화를 원활하게 성공적으로 할 수 있는 방법들을 살펴볼 것이다. 그리고 이러한 언어적, 비언어적 대화를 인간관계와 연계하여 통합적으로 이해함으로써 직장 및 사회생활에서의 의사소통을 위한 실천적 지식을 습득하도록 돕는 것이 이 글의 목적이다.

3.2 언어적 대화

대화의 시대 구분

인류는 대화를 통하여 문명과 문화를 발전시켜왔다. 원시 사회에서도 의사소통을 했으므로 말은 존재했을 것이다. 그러나 말이 기록됨으로서 언어적 대화가 구체적으로 성립되었다고 할 수 있다. 언어는 학문의 도구이기 때문에 말이 글로 기록되어 역사가 성립되게 되었다. 오늘날 남아 있는 가장 오랜 대화의 기록은 플라톤의 '대화록'으로 알려져 있다.[29] 플라톤은 학문의 방법으로 대화법을 사용했으며 이러한 대화

---

29) 플라톤의 대화록은 단일한 책 제목이 아니라 플라톤이 여러 사람들과 대화하여 엮은 40여권의 책들을 통칭하는 보통명사이다.

들이 책으로 묶여져 대화록으로 정리된 것이다. 사실 역사적으로 남아 있는 모든 책들은 인간과 인간의 대화의 산물이라고 해도 과언이 아닐 것이다. 동양에 있어서도 논어와 같은 책은 공자와 그 제자들의 대화로 구성되어 있다.

통시적 대화 동시적 대화

이렇게 언어가 발생된 후 역사적으로 줄곧 대화가 지속되어왔다. 언어 기록의 유무에 따라 대화의 양상은 동시적 대화와 통시적 대화로 구분할 수 있다. 즉 통시적 대화는 선인들이 남겨놓은 역사기록 및 그 기록과의 대화이며, 동시적 대화는 오늘을 사는 사람들끼리 나누고 살아가는 현재적 대화라 하겠다. 그러나 통시적인 대화, 즉 고전과 대화를 많이 한 사람은 동시적인 대화를 잘 할 수 있는 바탕을 갖추었다고 할 수 있다. 책을 많이 읽은 사람은 지식과 지혜가 풍부해져서 대화에 있어서도 상황에 알맞은 창의성을 발휘할 수 있기 때문이다.

대화의 언어 구분

대화는 언어의 종류별로도 구분할 수 있다. 같은 언어를 사용하는 사람들끼리는 대화가 잘 통하지만 언어가 다른 사람들 간에는 의사소통이 어렵거나 불가능하다. 언어가 다른 사람들 간에 어설픈 외국어를 사용하면 심각한 오해를 불러일으키는 경우가 많다. 이는 외국어 능력 자체의 문제도 있고, 문화 차이에서 오는 문제도 있다. 같은 언어를 사용하는 나라에서도 방언에 의해 의사소통이 제약되고 오해를 불러일으키는 경우를 흔히 목격할 수 있다.

한국어 대화

우리는 언어를 안다고 하지만 대부분은 국어에 국한되고, 국어는 누구나 잘 사용하고 있는 것 같지만 실제로 국어를 제대로 사용할 줄 아는 사람은 남녀노소를 막론하고 의외로 적다. 그렇지만 자국어로 대화를 하는 것은 성장 배경의 환경과 문화의 경험이 언어와 자연스럽게 접목되어 있어 의사소통이 잘 이루어진다. 사람들과 대화를 나누다보면 세대차나 성별에 따라 다소 차이는 있으나 공통의 문화를 통해 소통이 쉽게 이루어짐을 알 수 있다. 다만 상황이나 목적, 분위기에 따라 대화의 수위조절은 언제나 필요하다.

외국어 대화

영어, 중국어, 일본어 등 다른 나라의 언어를 배우고 소통하는 것은 매우 어려운 일이다. 영어몰입교육이라는 말이 등장한 것은 영어를 언어로만 배우는 것이 아니라 그 문화에 몰입하여 배움으로써 영어권 나라의 사람들과 정치, 경제, 사회, 문화적 의사소통을 원활하게 하기 위한 목적에서 연유한 것이다. 외국어는 해당 언어와 문화를 함께 배워야 한다.

3.3 대화의 종류

가족 대화

한 인간의 대화는 가정에서부터 시작된다. 생애 최초의 대화는 탄생의 신호인 울음이다. 아기가 성장 발달함에 따라 옹알로, 옹알이에서 말로, 말에서 글로 발전하면서 문명에 적응한다. 가족 간의 인간관계로 부터 자연스럽게 언어와 문화를 습득하는 것이다. 아이가 직립보행하게 되는 2~3세 무렵부터는 제법 유창하게 말을 할 수 있고 가족과의 관계 속에서 엄마, 아빠, 언니, 형, 동생 등 가족의 인간관계와 역할을 알아간다. 가족은 탄생과 성장의 최초 환경이기에 결손 가정의 아이나 수용시설 아이들의 언어와 인간관계는 비정상적으로 형성되기 쉽다. 언어는 환경의 산물이며 관계의 산물이므로 환경과 인간관계는 바람직한 인간형성에 지대한 영향을 미치는 것이다.

우리나라는 광복 이후 근대화 70여 년 동안 산업화와 서구화가 급격히 촉진되어 가족 형태도 예전과는 현격하게 달라졌다. 직장, 유학 등으로 인해 주거 이전이 빈번해짐에 따라 가족단위의 분화가 더욱 촉진되었다. 그 결과 3대, 4대가 같이 살던 전통가정이 사라지고, 거의 모든 가정이 핵가족으로 변모되었다.

이에 따라 가족대화의 상대와 시간도 급격히 줄어들었다. 따로 사는 조부모와 손자, 따로 사는 부모와 자식 간에는 명절 때가 아니면 대화의 기회가 거의 없다. 같이 사는 부부와 어린 아이들도 직장이나 학교 등의 사정으로 대화의 기회가 급격히 줄었다. 어른이건 아이건 가족은 있어도 대화할 상대와 시간이 별로 없어 가족 간의 인간관계가 겉돌고 있다. 가풍과 윤리가 없을 뿐 아니라 부모의 자연스러운 생활 교육적 역할이 그 정체성과 위상을 잃어가고 있다. 따라서 핵가족 시대의 가족대화에 대한 새로운 각성과 반성, 그리고 대화노력이 절실히 필요하다고 하겠다. 여기서는 핵가족 상황의 가족대화에서 유념하고 힘써야 할 사항들을 생각해 본다.

부부간의 대화

전통사회에서 부부는 '일심동체—心同體'라고 말해왔다. '여필종부女必從夫'라는 말도 있다. 부부는 한 마음 한 몸이되 부인은 반드시 남편의 뜻을 좇아야 한다는 것이다. 그러나 핵가족 상황에서는 이 말들이 통하지 않게 되었다. 실제로는 오히려 '부부이심각체夫婦異心各體' 내지 '부부독립'의 상황으로 변화되고 있다. 그 이유는 부부간 교육수준의 평준화와 맞벌이로 인한 경제력의 향상, 양성평등의 강조 등에서 기인되는 것으로 생각된다. 그만큼 대등하고 격차가 없어진 것이다. 부부관계가 맞먹는 관계로 되어 젊은이들은 이제 부부간이라도 "야, 너, 나" 하는 반말의 관계로 되는가 하면, 남편이나 남자 친구를 오빠라고 부르는 등 단어 본래의 용도에 맞지 않은 호칭이 일반적으로 통용되고 있다. 서로 친구 같으면서도 실제로는 기형적 인간관계로 변질되어가는 것이다. 오빠라는 명칭이 친근감은 있으나 오빠가 분명 남편은 아니다. 오빠라고 부르면서도 '너, 나' 하고 반말을 한다. 이는 국어사용의 혼돈이고 우리말 예절에도 어긋난다.

언어 예절이든 인간관계 예절이든 부부간에도 적정한 거리를 유지하는 것이 바람직해 보인다. 전통사회에서의 거리는 여필종부女必從夫의 종속적 거리였지만 민주사회에서의 거리는 남녀평등 및 상호존중의 거리를 유지하는 것이 좋을 것 같다. 그러자면 부부 대화의 언어적 표현에서도 평등과 존중의 의미가 들어있어야 마땅하다. 예를 들어 '여보'나 '자기' 등의 표현은 상대방을 사랑하고 존중하는 친근감을 함축하고 있다. 또한 부부간에도 약간의 존칭을 사용할 필요가 있다. 예를 들어 아내가 남편에게 "여보, 저 이것 좀 들어주세요." 라든지, 남편이 아내에게, "여보, 나 이것 좀 도와주세요." 등의 적절한 존칭은 사랑과 존경의 감정이 함께 묻어난다.

아무리 가까운 사이라 하더라도 적정한 거리감과 존중의 태도를 유지하는 것은 인간관계를 좋게 유지하는 방법이다. 어떤 인간관계든지 말과 행동이 너무 만만하고 지나치면 그 관계가 오래 유지될 수 없다. 또한 너무 어색한 존칭과 무미건조한 어법은 오히려 부부간의 관계를 재미없게 만들 수 있다. 따라서 대화에는 상황에 따라 유머가 필요하다. 적절한 유머는 윤리와도 통하고 재미와도 통한다. 유머는 친화력을 가진다. 부부간의 대화와 인간관계에 있어서도 유머는 반드시 필요한 요소라 하겠다.

부모와 자녀 대화

가족관계에서 부모와 자녀간의 대화는 매우 중요하다. 가정은 자연스러운 인성교육, 생활교육의 장이기 때문이다. 우리나라에서는 예로부터 '뼈대 있는 가정'이라는 말이 있어왔다. 뼈대 있는 가정이란 가정의 가풍과 가훈이 잘 확립되어 있어 자녀들의 마음가짐과 몸가짐이 올바르게 형성되는 가정이라는 의미이다.

그러나 현대에 와서는 바쁘게 돌아가는 지식정보사회의 생활 구조로 인해 이러한 '뼈대 있는 가정'의 전통을 유지하기 힘들게 되었다. 그렇다고 하더라도 부모는 자녀에 대한 가정 교육적 역할을 포기해서는 안 된다. 가정교육의 포기는 곧 인성교육의 부실로 이어지기 때문에 학교교육을 정상적으로 받는다 해도 인성교육의 부재에서 오는 공백을 메울 수 없다. 부모와 자식 사이에 어렸을 때부터 사랑과 존경의 대화를 나누며 자란 아이는 평생을 살아가는 동안 가정의 소중함과 자신의 역할, 그리고 인간으로서의 윤리를 생활 속에서 실천할 수 있다고 본다. 여건이 어렵다고 해도 어려서부터 엄마와 아빠, 특히 아빠와의 대화는 필수적이다. 엄마와의 대화는 아기 때부터 친근하게 형성되기가 쉬우나 맞벌이 가정의 경우는 엄마와의 대화도 어렵게 되고 있다. 아빠와의 대화는 더욱 어려워서 아이가 잘 때 출근했다가 잘 때 퇴근하는 경우가 흔하다. 따라서 부모들은 시간이 없다는 이유로 자녀와의 대화 단절을 당연시할 게 아니라 어떤 방법으로든 대화를 할 수 있는 시간을 마련하는 것이 바람직하다. 시간 외의 근무나 회식자리를 가급적 줄여서 자녀와 대화할 수 있는 시간을 만들어야 한다.

영·유아와의 대화

아기와의 대화는 도리도리, 까꿍 등 쉬운 의성어와 의태어로 시작된다. 방울이나 종 등의 장난감을 이용하여 그림을 보여주며 대화하기도 한다. 10여년 전부터 우리나라에도 북스타트(book start)운동이 전개되고 있는데 이는 영아에서부터 엄마와 아기가 그림책을 가지고 대화하는 환경을 마련해 주는 좋은 프로그램이다. 책으로 인생을 출발한다는 취지의 이 운동은 영국에서 시작되어 이제 국내에서도 확산일로에 있어 좋은 아기와 엄마에게 바람직한 대화의 장을 제공하고 있다. 그러나 영아원 등 부모가 없는 아기들에 대한 배려는 아직 전무한 실정이다.

초등학생과의 대화

초등학생 자녀와의 대화 역시 지속적인 관심과 사랑으로 자녀의 눈높이에 맞추어 말 상대를 해 주어야 한다. 자녀가 물어 보는 사항은 아무리 사소한 것이라도 무시하지 말고 성의 있게 대답해주고, 바로 대답을 못하는 사항은 나중에 확인하여 꼭 알려주는 것이 좋다. 또한 자연스러운 가운데 바른 생활습관과 예의를 형성할 수 있도록 유도해야 한다. 너무 공부만을 강요하거나 하기 싫어하는 일을 억지로 시키는 것은 오히려 역효과가 날 수 있다. 하루에 한번이라도 엄마와 아빠가 함께 대화하되 교훈이나 간섭, 교육적인 소재는 가급적 피하고 그날 있었던 일, 내일 할 일, 우리 집의 자랑, 아빠의 일, 엄마의 일, 자신의 일 등을 중심으로 서로 칭찬과 격려를 할 수 있는 소재로 대화하는 것이 바람직하다.

중·고등학생과의 대화

사춘기에 접어드는 중·고등학생에 이르면 부모와 자녀간의 대화는 점점 어려워진다. 이 연령대의 학생들은 부모에 대해 반항심이 생기고, 천방지축 날뛰기도 하는 시기여서 정서적이고 이성적인 생활지도와 상담이 필요하다. 중·고등학생들은 대체로 간섭을 싫어하며 대화조차 간섭으로 받아들이기 쉽다. 따라서 감정을 자극하지 않으면서도 적절한 대화를 유지하는 기술이 필요하다. 부모, 친구, 스승, 앞으로의 희망 등에 대하여 자연스럽게 소통할 수 있도록 유도하는 것이 좋다. 가족회의를 자주 열어서 각자 할 말을 터놓고 말하게 하고, 고민을 같이 생각하고 해결해주는 협력적 자세가 필요하다. 다소 잘 못한 일이 있더라도 손 지검을 하거나 야단치기보다는 합리적으로 해결하는 방법을 함께 강구하는 성의 있는 태도가 필요하다. 특히 유념할 일은 자녀에게 일류대학에 들어가기를 은근히 강요해서는 안 된다는 것이다.

대학생과의 대화

대학생은 육체적으로는 성인이다. 그러나 아직 정신적으로는 불안정한 성인이다. 특이 요즘 대학 1학년생의 연령은 만 19세로서 성인에 접어들기 직전이다. 따라서 아직 대인관계의 어법이나 태도가 세련되지 못하고 사춘기의 성정을 그대로 지니고 있는 경우가 많다. 흔히 말하는 철이 들지 않아서 스스로의 목표와 방향을 설정하지 못하고 이리저리 방황하기 일쑤이다.

부모들은 자녀가 대학생이 되면 모든 간섭을 풀고 "이제 다 키웠으니 알아서 하겠지." 하며 안심하기 쉽다. 그러나 대학생이라고 안심하기에는 아직 이르다. 대학생이 되면 보통 부모와 떨어져 기숙사, 하숙방, 자취방 등에서 생활한다. 술과 오락에 노출되어 행동이 매우 자유롭다. 부모와 상의도 없이 등록금을 내지 않고 마음대로 휴학하거나 용돈을 벌겠다고 아르바이트에 나서기도 한다. 따라서 부모들은 대학생이 된 자녀에게도 계속 관심을 가지고 적정한 대화를 유지할 필요가 있다.

대학생과의 대화에서도 역시 자녀의 인격을 존중하고 신뢰하는 어법과 태도를 가져야 한다. 때로는 진지하고, 때로는 유연하고, 때로는 재미있게 인생의 희로애락, 과거의 역사와 미래의 희망을 이야기하는 것이 좋다. 술은 대화의 촉진제라고들 말한다. 그러나 술 취한 상태에서의 대화는 술 깨고 나면 모두 헛일인 경우가 많으므로 대화에 있어 과도한 술은 삼가는 것이 상책이다. 자녀와의 맞담배질 역시 곤란한 일이다.

조부모와 손자손녀와의 대화

핵가족화로 인하여 할머니 할아버지와 손자 손녀와의 대화는 소원해지고 있다. 가정에서의 조부모는 민속 전통의 전수와 가족윤리의 확립 그리고 부모와 자녀와의 관계에서 조정자의 역할을 수행할 수 있다. 조부모의 사랑을 받고 성장한 아이는 그렇지 않은 경우보다 정서적으로 안정되고 민속이나 전통 윤리를 중요하게 여기는 습관이 형성된다. 조부모와 떨어져 살아가는 현실에서 명절이나 제사 때 잠시 조부모를 만나는 것만으로도 정서적 안정 효과는 적지 않다고 생각된다.

어떤 어린이도서관은 할머니 할아버지들의 옛날이야기 동아리를 운영하고 있다. 65세 이상의 노인들로 구성된 이 동아리는 도서관에 오는 어린이들에게 곡식 씨앗 뿌려 가꾸기, 봄나물 캐러 가기, 천렵가기, 재기 차기 등 민속 전통을 전수하며, 매주 토요일과 일요일에는 배꼽인사를 한 후 옛날이야기 들려주기를 정기적으로 운영하고 있다. 이러한 활동을 통하여 핵가족 어린이들에게 민속전통의 전수와 어른 공경의 태도를 자연스럽게 형성하고 있다. 옛날이야기를 듣는 어린이들은 할머니 할아버지를 좋아하고 인사를 잘하며 쫓아가 안기기도 한다.

조손과의 가족관계에서 부모가 자녀를 꾸중할 때 그 자리에서 할아버지 할머니가 부모를 야단치고 손자 손녀의 편을 들어주는 것은 바람직하지 않다. 그럴 경우 가족윤리의 일관성이 무너져서 아이들은 헷갈리게 된다. 할머니 할아버지들은 부모와 자녀와의 관계에서 집안의 어른으로서 적절한 조정자의 역할을 하는 것이 바람직하다.

직장 대화

상사와의 대화

직장에서 상사는 대화하기 어려운 상대이다. 상사는 법적 제도적으로 인사권, 예산권 등 명령권과 결재권을 가지고 있기 때문이다. 신입사원은 상사 앞에서 긴장하여 떨기도 한다. 특히 대화의 상대가 몇 단계 위의 전무나 사장 등 높은 사람일 경우는 보고하러 갔다가도 할 말을 제대로 못하고 나오는 경우가 허다하다. 직장 조직은 계급사회다. 계급은 곧 신분이다. 현대사회는 신분사회가 아니라고 하지만 조직은 엄연히 신분사회인 것이다.

상사와의 대화에서는 자신감과 용기, 그리고 겸손이 함께 필요하다. 그러자면 평소의 업무에서 충실한 지식기반을 확립하고 있어야 한다. 현황의 파악, 계획, 대안 등 담당 업무에 대하여 과거로부터 현재와 미래까지 확고한 흐름과 방향을 정립하고 있어야 한다. 이는 전문성과도 같다. 자기 업무에 전문성을 확립하고 있으면 일단 대화의 준비가 잘 된 것이다. 상사가 질문할 때나 지시할 때 그에 대한 답변과 대안이 바로 나올 수 있다.

상사와의 대화에서는 원칙과 합리가 바탕이 되어야 한다. 합당한 근거를 가지로 논리적으로 그리고 적절한 어휘를 선택하여 겸손하게 말해야 한다. 너무 아는 척 하거나 상사를 무시하는 것 같은 언행은 삼가야 한다. 특히 상사가 새로 부임하였거나 업무를 잘 모르더라도 겸손한 태도로 소상하게 설명하는 자세가 필요하다. 상사는 부하가 자기를 무시하는지, 부하가 잘난 척 하는지를 금방 안다. 이런 것이 상사의 눈에 각인되면 그 상사와는 일하기 어렵게 되고, 입소문을 타고 다른 상사에게로 전달되어 직장생활에 부정적 영향을 준다.

상사에는 강압적인 사람, 유연한 사람 등 여러 유형이 있다. 강압적인 상사에게는 원리 원칙적으로 대하는 것이 좋다. 강압적인 사람은 공과 사를 구분하지 못하는 경우도 많다. 이때 원리 원칙으로 대하지 않으면 강압에 눌리게 된다. 유연한 상사에게는 모든 가능성을 소상히 보고하여 최선의 선택을 할 수 있게 해야 한다.

최근 유연성flexibility과 안전성security을 결합한 신조어 'flexcurity'라는 말이 등장했다. 유연하면서도 안전한 지도력이 필요하다는 것이다. 너무 경직되거나 강압적이면 변화하는 사회에 대처하지 못해 조직생활에 실패할 확률이 높다. 그러나 유연한 조직, 유연한 상사는 환경변화에 적절히 대응하여 조직의 안전을 유지할 수 있다.

동료와의 대화

직장의 동료는 협력자이자 경쟁자이다. 동료에는 잘 아는 친구는 물론 얼굴 모르는 동급의 수많은 직원들이 있다. 개인적으로 친근한 동료 간에는 대화가 잘 통하는 편이다. 사적인 대화는 물론, 업무상의 대화도 비교적 수월하다. 그러나 동료라도 개인적인 친분이 없고, 다른 부서에 근무하는 직원의 경우에는 대화를 트기가 쉽지 않다. 동료 간에도 알게 모르게 부서이기주의가 작용한다. 동료 간에도 업무적 대화에서는 경계심이 작용한다.

동료와의 업무 대화에서는 부서이기주의를 가급적 배제하고 조직 전체의 목적을 전면에 내세우는 것이 바람직하다. 조직 전체의 목적은 모든 하부조직의 존재이유이다. 하부조직의 목적이 조직 전체의 목적은 아니기 때문에 부서이기주의에는 합리성이 적다. 인원감축이나 구조조정 등에서의 저항은 부서이기주의에서 나오는 것이 보통이다. 그러나 조직에서 필요 없는 군살을 빼는 것이 조직 건강성 확립의 첩경이다.

이러한 기본 전제하에서 동료와의 대화는 상호 존중과 협조의 자세를 견지해야 한다. 학연, 지연, 혈연, 개인적 친분 등이 지나치게 업무적 커뮤니케이션에 영향을 주는 것은 부정의 씨앗이 된다. 조직 내에서 대화나 업무 협조를 원활하게하기 위해서는 취미 서클이나 동아리 등 비공식조직에 가입하는 것이 좋다. 그러나 비공식 조직은 일종의 사조직이므로 비공식조직에서의 인간관계는 공식조직의 발전에 긍정적으로만 활용해야 한다. 비공식조직의 관계로 인해 그 구성원들끼리만 대화가 이루어지고, 자기들끼리만 이익을 선점하려 하면 역시 조직 전체적으로는 부정적 영향을 미친다.

부하와의 대화

직장에서의 부하는 상사보다 대체로 연령이 어리지만 간혹 상사보다 나이가 많은 부하직원도 있어 관리가 쉽지 않다. 부하와의 대화라고 해서 지시 명령 일변도로 하거나 반말로 일관하는 것은 직장 예절에 어긋난다.

직장에서의 대화는 어떤 관계의 대화든 공식적 대화가 주를 이룬다. 공식적인 관계는 경직되기 쉽다. 따라서 부하들을 대할 때 가끔은 유머를 사용하는 것이 경직된 분위기를 누그러뜨릴 수 있는 방법이다. 요즘에는 유머리더십이라는 말까지 등장할 정도로 직장 내 대화에서 적정한 유머의 사용을 권장하고 있다.

부하를 부를 때의 호칭은 남녀공평하게 사용해야 한다. 예를 들면 상사가 남직원을 부를 때 "김 아무개 씨"라고 한다면 여직원을 부를 때도 "이 아무개 씨"로 남자 직원과 여자 직원에게 동등한 호칭을 사용하는 것이 좋다. 여직원을 "미스 김"이나 "김양" 등으로 부르는 것은 양성 평등에 맞지 않기 때문이다. 또한 남자 직원을 "미스터 리"로 부르는 것도 이미 어색한 호칭방법이 되었다.

또한 윗사람이 과장을 부를 때는 "김 과장"이라고 하면 되고 "김 과장님"이라는 존칭을 사용하면 직위관계상 어색하다. 또 상위자 앞에서 하위자가 중간 상위자를 부를 때도 존칭을 사용하면 곤란하다. 예를 들면 "사장님, 김부장님이 그렇게 말씀하셨는데요." 하면 어색하고, 사장에 대한 경어법에도 어긋난다. 이때는 "사장님, 김부장이 그렇게 말씀했는데요."하는 것이 낫다.

사회적 대화

사회적 대화란 직장과 가정의 밖에서 이루어지는 대화라고 할 수 있다. 우리는 직장과 가정, 학교 등 온갖 사회관계 속에서 살아가기 때문에 사회적 대화를 일률적으로 정의하기는 어려우며 상황에 따라 달라지므로 "그때그때 달라요."라고 할 수밖에 없다. 그러나 기본적으로 몇 가지만 든다면 진실성, 상대방의 인정, 내용의 명료성, 겸손 등을 들 수 있다.

진실성

진실성이란 대화의 내용이 거짓이 아니어야 한다는 것이다. 거짓말은 어떤 경우에도 인간관계의 약화를 초래한다. 거짓말을 하는 사람을 신뢰하는 이는 없을 것이다. 그리고 대화 시에 어떠한 복선을 깐다든가 저의를 가지고 대화하면 신뢰를 얻기 어렵다. 대화의 바탕은 항상 사실과 합리에 입각한 것이라야 신뢰받는 인간관계를 유지할 수 있다.

정치인들은 정략적, 정치적 대화를 자주 한다. 소속 정당에 유리하게하기 위해 정략적으로 말싸움을 하기 일쑤이다. 그러나 장기적으로 보면 진실한 발언이 역사에 남는다. 그래서 정치인들도 사필귀정事必歸正이라는 말을 자주 사용한다.

상대방의 인정

대화의 상대를 깔보거나 인정하지 않으면 대화는 중단되고 만다. 인간관계는 먼저 상대방을 인정하는데서 출발한다. 사회적으로는 알게 모르게 계층이 많다. 종교그룹에도 대학에도 계층이 없는 곳은 없다. 따라서 상대적으로 높은 계층에 있는 사람이 상대적으로 낮은 계층에 있는 사람을 좀 얕보는 경향이 있다. 그래서 웬만한 사람들의 명함에는 계층의 부풀림이 많다. 예를 들면 자영업자는 하나같이 다 사장이고 부동산중개소에는 직원이 곧 '실장'이다. 따라서 대화가 잘 되려면 높은 사람이라도 자세를 낮추어야 한다.

내용의 명료성

전달하고자 하는 내용은 항상 분명해야 한다. 내용이 분명하지 않으면 어떻게 말하더라도 소통이 어렵다. 말은 번드르르하게 포장할 수 있지만 내용이 모호하면 이도 저도 아니게 된다. 따라서 대화를 하기 전에 먼저 내용을 논리적으로 분명하게 정리하여 대화에 임하는 것이 성공적 대화의 관건이다.

겸손한 태도

대화에서는 언제나 겸손한 자세가 기본이 되어야 한다. 내가 상대방보다 우월하다고 생각하면 대화가 잘 통하지 않는다. 누구나 자존심이 있기 때문이다. 따라서 대화에서는 자존심을 감추면서 대등하고 겸손한 자세로 임하는 것이 바람직하다. 또한 감정적으로 화가 난 상태에서는 대화를 피하는 것이 좋다. 화난 상태에서의 대화는 싸움으로 변하기 쉽기 때문이다. 언어폭력을 방지하기 위해서는 『비폭력 대화』라는 책을 읽고 실천해 볼 필요가 있다. 이 책에서는 언어적, 정신적 폭력은 물리적 폭력을 일으키는 연료가 된다고 경고하고 있다.

3.4 대화의 기법

경청 listening

경청은 상대방의 말을 귀 기울여 듣는 것이다. 상대방의 말을 잘 듣지 않으면 엉뚱한 대답을 하거나 기껏 들어놓고 딴소리를 하기 십상이다. 영어를 공부할 때만 리스닝이 필요한 것이 아니라 우리말의 일상대화에서도 경청은 꼭 필요하다. 잘 들어야 상대의 의도를 파악하고 이해할 수 있어 적절한 반응을 보일 수 있다.

기억

경청을 한다고 하더라도 상대방의 말을 다 기억할 수 있는 것은 아니다. 따라서 의도적으로 기억하려는 노력을 기울여야 한다. 기억력은 사람에 따라 편차가 있어서 특히 기억을 잘하는 사람이 있는가 하면 그렇지 못한 사람도 많다. 또한 사람은 누구나 건망증이 있기 마련이므로 기억을 잘하는 사람이라도 잊어버릴 경우는 허다하다. 따라서 기억의 보조 수단으로 메모를 하는 것이 바람직하다. 강의를 들을 때에도 노트에 메모를 하는 것이 그렇지 않은 경우보다 복습이나 추후 활용에 좋다는 것은 누구나 경험하는 일이다.

반응과 되물음

대화에서는 상대방의 말에 대해 즉각적인 반응을 보여야 한다. 장황하게 설명하는 것을 들을 때는 중간에 적정한 반응을 보임으로써 상대의 의도와 맥락을 파악하도록 노력해야 한다. 그리고 이해가 안 되는 부분은 바로 바로 다시 물어서 상대의 의도를 이해하도록 해야 한다. 말할 때는 예, 예, 대답해 놓고 나중에 다른 반응을 보이는 것은 상대방에 대한 예의가 아니다.

3.5 대화의 상황

면대면 대화

면대면 대화는 얼굴을 마주보며 대화하는 상황으로서 일상적으로 있는 일이다. 가정에서도 직장에서도 우리는 늘 사람을 만나서 길든 짧든 대화를 나눈다. 면대 면의 대화에서는 상대방의 전신을 보며 말하기 때문에 말 이외의 요소가 커뮤니케이션에 작용한다. 얼굴의 표정과 손, 어깨 등의 몸동작이 함께 연출되므로 서로의 이해를 쉽게 한다. 전화상으로는 잘 전달이 안 되고 오해를 하는 사안도 직접 만나서 대화를 하면 이해하는 경우가 많다. 찾아가서 이야기 하면 긍정이든 부정이든 명쾌한 결론에 이르기 쉽다.

전화 대화

전화 대화는 전화로 의사를 소통하는 상황이다. 상대방이 보이지 않으므로 동작을 멋대로 하기 쉽다. 요즘은 영상 전화도 가능하지만. 전화 대화에서는 목소리의 톤과 음색이 많이 작용한다. 일상 대화에서는 그렇지 않은데 전화에서는 목소리를 저음으로 깔고 말하는 사람이 있는가 하면, 본인은 누구인지 밝히지 않고 상대방에 대해 명령조나 반말로 말하는 경우도 있다. 예를 들어

"여보세요."

"네, ○○부 김 아무개입니다."

"김 과장 있나?"

"실례지만 어디신가요?"

"김 과장 바꾸라고."

이런 전화를 받으면 하루 종일 기분이 불쾌할 것이다.

스마트폰 문자 대화

요즘은 스마트폰으로 카톡이나 문자를 교환하는 사람들이 많다. 요금이 많이 나오지 않으면서도 간단한 메시지를 신속

하게 전달할 수 있기 때문이다. 그러나 스마트폰 문자로는 많은 내용을 전달 할 수 없다. 또한 스마트폰 문자에 사용되는 어휘가 제멋대로여서 우리말의 사용이 왜곡되고 있다. 은어와 비속어도 많이 사용된다. 헐!

이메일 대화

이메일도 일반화되었다. 이메일로는 많은 분량의 서류까지도 신속하게 전달할 수 있어 편리하나 요즘은 메일을 잘 열어보지 않아 문제다. 메일을 열지 않는 이유는 스팸메일 때문인 것 같다. 그래서 메일을 보내고 다시 스마트폰으로 메일을 보냈다는 전화를 하거나 문자를 보낸다. 이메일에 쓰는 이휘도 스마트폰의 영향을 받아서인지 비속어가 많다.

3.6 비언어적 대화

비언어적 대화의 특성

비언어적 대화는 보디랭귀지 또는 kinesics라는 명칭으로 1952년에 Birdwhistell에 의해 체계화되었다. Birdwhistell에 의하면 비언어 커뮤니케이션이란 "비언어적 단서들을 통하여 정보를 교환하는 것"이다. 여기에는 얼굴표정, 자세, 몸짓 등 언어외적인 모든 움직임이 커뮤니케이션의 단서로 포함된다. 비언어적 커뮤니케이션의 특성은 다음과 같이 정리할 수 있다.

• 비언어 커뮤니케이션은 의사전달 기능을 가진다.

- 비언어 커뮤니케이션은 얼굴색이나 표정 등 표현의 강도에 따라 단호함이나 확신의 정도를 나타낸다.
- 비언어 커뮤니케이션은 상황에 따라 그 의미해석이 달라진다.
- 비언어 커뮤니케이션은 신뢰도가 매우 높은 의사전달 수단이다.

비언어 대화의 종류

얼굴표정

얼굴 표정을 보면 그 사람의 감정과 기분을 짐작할 수 있는 경우가 많다. 대화의 과정에서 수시로 변화하는 얼굴의 표정은 만족, 긍정, 기쁨, 놀람, 불쾌감 등을 나타낸다. 따라서 상대방의 감정과 느낌을 알기 위해서 주목해야 할 부분은 눈썹과 미간, 입의 모양이라 할 수 있다. 가장 많이 변하는 부분이 눈과 입 부분이기 때문이다.

먼저 눈썹과 미간은 부정적, 긍정적 감정표현이 가장 잘 나타나는 부분이다. 눈썹을 찌푸리면 대부분은 불쾌감이나 부정을 나타낸다. 몸이 아픈 경우에도 눈썹과 미간을 찌푸릴 수 있다. 눈썹을 찌푸리면서 동시에 입가에서 미소를 짓기는 어렵다. 그것이 가능하다 해도 찡그린 '억지 미소'가 되므로 역시 부정이나 불쾌감을 나타낸다.

면대면의 대화에서 시선 처리는 대단히 중요하다. 시선을 가끔 마주치면서 대화를 하면 성의 있어 보인다. 그러나 그윽하게 또는 넌지시 바라보면서 말하면 상황에 따라 의심을 받기 쉽다. 또한 계속 똑바로 바라보면서 말하면 공격적으로 느껴지거나 버릇이 없어 보이기도 한다.

입모양을 지을 때 입술을 굳게 다문다면 각오를 단단히 한다는 뜻이거나 거부의 뜻으로 비쳐진다. 입가에 미소를 띠고 대화를 한다면 상대방을 인정하고 성의 있게 들어줄 자세가 되어있다는 뜻이다. 우리는 생활습관에서 미소가 적은 편이다. 아파트나 빌딩의 엘리베이터를 타보면 같이 탄 사람들이 서로 모르는 사람인 경우 과도한 침묵이 무겁게 흐르는 경험을 할 것이다. 아니면 서로 아는 사람들끼리 탄 경우 큰 소리로 떠들거나 휴대전화 통화를 하는 경우도 많이 볼 수 있다. 잘 모르는 사람에게 얼굴에 미소를 띠며 인사를 했다가는 아마 이상한 사람으로 의심을 받을 것이다. 우리들이 고쳐야할 문화인 것 같다.

자세와 몸짓

자세와 몸짓은 다른 말로는 몸가짐, 태도, 예의라고 할 수 있다. 몸가짐은 옷차림과 두발 그리고 행동을 포함한다. 상황에 따라 적절한 옷차림과 자세가 달라지겠지만 직장생활이든 사회생활이든 품격에 맞는 차림과 행동은 필수적이다. 자신의 몸가짐은 자기가 보는 것이 아니라 남이 보는 것이다. 남이 볼 때 혐오감을 느끼는 차림과 태도는 일단 실패작이다. 신언서판身言書判이라는 말처럼 몸가짐과 언행, 글씨, 판단력은 사람의 품격을 판단하는 기준이었고 이 기준은 지금도 유효하다고 본다.

면대면 대화의 상황에서 상사든 친구든 의자에 비스듬히 기대어 말하는 것은 상대에 대한 무시 내지 멸시를 나타낸다. 상대를 향하여 상체를 앞으로 당겨서 말하는 것은 상대에 대한 인정과 적극성, 자신감을 나타낸다. 대화를 하면서 얼굴을 만지거나 다리를 흔들거나 하면 불안정한 상황에 있음을 나타낸다. 몸은 자신의 총체적인 표현이므로 평소의 수양을 통하여 개성 있고, 성실하고, 적극적인 자세가 습관화될 수 있도록 노력하는 것이 바람직하다. 상대와의 물리적 거리도 고려의 대상이다. 대화의 거리에서 친밀한 사이는 45cm, 개인적 거리는 45-120cm, 사회적 거리는 120-

360cm, 공적인 거리는 360cm 이상이라는 설을 참고해 볼 만하다.

결언

인간의 사회생활은 대화를 통해 유지, 발전된다. 학문도, 경제도, 교육도, 문화도 대화 없이 되는 것은 아무것도 없다. 부모님과의 대화, 선생님과의 대화, 친구와의 대화, 선후배의 대화, 직장에서의 대화 등 대화는 사람과 사람간의 소통의 방법이기에 어떤 인간관계에서나 필수적이다.

이러한 필수불가결한 대화를 어떻게 하느냐에 따라 사회생활의 품질이 결정된다. 대화에는 성공하는 대화, 실패하는 대화로 나눌 수 있다. 일단 진실한 대화, 합리적인 대화, 겸손한 대화는 성공할 수 있는 대화다. 가식적인 대화, 거드름 떠는 대화, 비방 섞인 대화는 실패하는 대화이다.

대화는 사람의 총체적 인격을 나타낸다. 조직 구성원들의 대화는 그 조직의 역할 건전성을 나타낸다. 대화와 인간관계는 언제나 밀착되어 있다. 좋은 대화가 있는 곳에 좋은 인간관계가 성립된다. 대화와 인간관계는 생활 속의 인문학이자 종합예술이다. 대화를 잘하면 어디서나 성공적인 삶을 살아갈 수 있을 것이다.

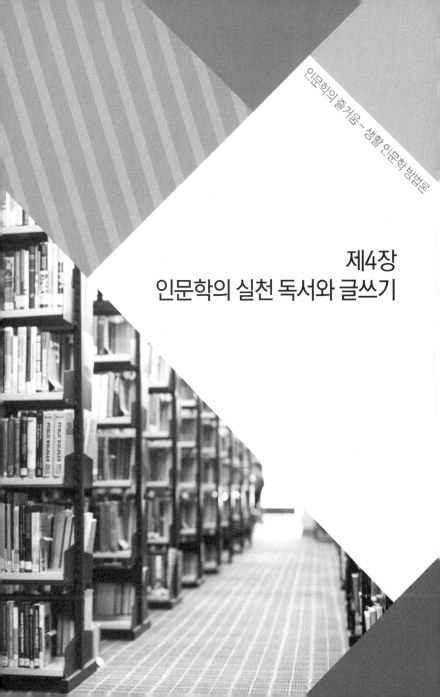

제4장
인문학의 실천 독서와 글쓰기

"독서의 진정한 가치는 독자가 책을 통해서
사유의 깊이와 폭을 넓히는 것이라 할 수 있다.
사유의 확대를 통해 본인의 능력이
계발되고 나아가 학문이 발전된다."

4.1 독서와 논술교육 그 현황과 문제점

　인문교육에서 가장 어려운 문제 중의 하나는 독서지도와 글쓰기, 그리고 학생 생활지도라 할 수 있을 것이다. 특히 독서와 글쓰기는 학생 개개인의 독서 경험과 독서 습관 그리고 일기를 비롯한 글쓰기 등 주로 생활습관에 의해 좌우되기 때문에 교사의 지도가 쉽게 효과를 발휘하지 못하는 부분이라 할 수 있다. 그러나 글을 목적에 맞게 잘 쓰는 일은 대학에서의 학업 수행은 물론 졸업 후의 사회생활에서도 필수적으로 요구되기 때문에 글쓰기 능력은 평생을 통하여 가장 긴요한 삶의 기본능력이기도 하다. 말하자면 사회적으로는 매우 중요한 글쓰기가 초·중·고등학교 과정에서는 제대로 연마되지 못하고 대학에서도 숙련되지 못함으로서 대학을 나와도 논문은 고사하고 논술시험을 보아야 하는 직장에 취업이 어렵고 칼럼이나 기사 하나 쓰기도 어려운 상황에 처하는 사람이 적지 않은 것이다.

이렇게 된 근본 원인은 초·중·고등학교에서 독서지도를 제대로 하지 못하고, 독서지도를 한다고 하더라도 생각하는 독서, 글쓰기 독서로 이어지지 않으며, 학생들에게 단순히 책을 통독하게 하거나 부담스러운 독후감을 쓰게 함으로써 독서지도를 통해 오히려 독서흥미를 상실시키는 데서 기인해 온 것으로 여겨진다. 나아가 중·고등학교의 교육이 오로지 대학입학수능시험에 초점이 맞추어져서 다른 활동들은 제대로 된 지도를 하지 못하는 것도 또 하나의 문제점으로 지적할 수 있다.

즉 우리의 공교육기관에서는 대학입학 시기가 다가오는 고등학교 3학년에 이르러서야 입시용 논술요령을 준비하는 것이다. 따라서 초등학교부터 고 2까지의 독서와 논술 경험이 부족한 상태에서 대입 논술을 대비해야 하므로 시간이 촉박하여 내용 있는 글쓰기 보다는 글쓰기의 요령을 익히는 정도에 머무르는 경우가 많은 것 같다. 이러한 논술교육방식이 실전에서 별로 효과를 발휘하지 못하는 것은 당연하다. 따라

서 보다 근본적으로 초등학교 1학년부터 생활습관으로 몸에
밸 수 있는 독서와 글쓰기교육이 절실히 필요하다.

4.2 독서와 논술의 의의

독서의 의의

앞장에서 독서와 논술을 한꺼번에 다루면서 우리나라 공교육에서의 독서 및 논술교육의 현실과 문제점을 간단히 짚어 보았다. 위에서 독서와 논술을 함께 언급한 이유는 이 두 가지의 지식 추구행위는 동전의 앞뒤와 같이 서로 밀착관계를 가지기 때문이다. 다시 말하면 독서하지 않고는 논술도 불가능하다는 의미가 된다. 따라서 우선 독서 및 독서지도에 대하여 그 의미를 살펴보고자 한다.

독서란 두말할 것도 없이 '책을 읽는 것'이다. 좀 더 범위를 확대하면 '글을 읽는 것'이다. 따라서 책뿐만 아니라 신문과 잡지, 인터넷에 떠 있는 정보들을 읽는 것도 독서에 포함할 수 있다. 또한 자기가 써 놓은 글, 예를 들어 일기를 읽는 것도 독서라 할 수 있을 것이다. 그러나 자기의 글보다는 다른 사람이 쓴 글을 읽는 것이 진정한 의미의 독서라 하겠다. 특히 고대로부터 선인들이 남긴 고전을 읽는 것은 매우 가치 있는 독서라 할 수 있다. 고전을 읽으면 역사적 인물들의 철학과 사상, 지혜를 배울 수 있다. 또한 오늘의 지식정보사회를 주도하고 있는 학자나 작가들의 글을 읽음으로써 그들과의 간접 대화를 통하여 지식과 생각의 깊이와 넓이를 확대할 수 있다.

독서에는 여러 가지 방법이 있다. 소리를 내느냐 내지 않느냐에 따라 낭독朗讀과 묵독黙讀으로, 속도의 완급 및 내용 파악의 정밀도에 따라 정독精讀과 속독速讀으로, 전체를 다 읽느냐 부분만 읽느냐에 따라 통독通讀과 '선독選讀'으로 나눌 수 있다.[30]

이 밖에도 다른 사람이 읽거나 녹음한 것을 들으면 '청독聽讀'이라 할 수 있을 것이며, 점자도서를 손가락으로 접촉하여 읽는 경우는 '촉독觸讀'이라고 할 수 있을 것이다.[31] 이러한

30) 선택하여 정독한다는 의미로 일반적으로 적독(摘讀)이라 쓴다.
31) '청독'이나 '촉독'은 잘 쓰이지는 않는 말로서, 필자가 의미를 조합하여 만들어

구분은 독서의 대상별 또는 수준별로 나누어 적용할 수 있으며, 독서의 목적에 따라 여러 가지를 혼용하여 적용할 수 있다. 예를 들면 묵독으로 읽다가 이해가 안 되는 부분은 낭독으로 반복해서 읽음으로서 의미를 더 잘 파악할 수 있는 것이다. 이러한 독서의 수준과 목적별 방법의 적용에 대해서는 뒤에서 더 검토하여 보기로 하겠다.

논술의 의의

논술은 1990년 이후에 대학들이 입학시험에 글쓰기 방식의 시험을 도입하면서 사용되기 시작한 용어이다. 그 이전에는 주로 '논문', '논설문' 등으로 일컬었고, '논문'은 주로 학위 논문이나 학자들의 학술논문을 지칭하는 데 사용되었다. 또한 '논설'은 언론사 등에서 시사성이 있는 사회적 이슈를 각 언론사의 입장에서 평가하고, 어떤 면의 정당성을 주장하여 여론을 형성할 목적으로 쓰는 사설이나 논평 등을 일컬었다. 그 후 대학들이 글쓰기 방식의 시험을 도입하면서 논문도 아니고 논설도 아닌 제3의 방식으로 '논술'이라는 용어가 유행하게 되었다. 논술문은 문자 그대로 보면 어떤 사안에 대하

본 용어임.

여 '논리적으로 기술한 글'이다. 따라서 논술을 하기 위해서는 어떤 문제가 주어져야 한다. 스스로 논술을 쓰더라도 어떤 문제를 정해 놓고 그 문제의 해법을 조목조목 제시하는 논리적 글쓰기이다. 논술의 연습을 많이 해두면 논문을 쓰는데, 혹은 논설을 쓰는데 큰 도움이 된다. 논술은 주어진 시간 내에 제시된 문제를 논리적으로 풀어야하기 때문에 단편적인 글이라고 볼 수 있지만, 논문은 선후 인과관계의 증명이 가능하도록 체계적으로 짜는 보다 긴 글쓰기로서 논술처럼 단 몇 시간의 글쓰기로는 불가능하며, 자료조사와 가설의 설정, 연구방법의 선택과 문장의 작성 등에 장기간이 소요된다. 반면에 논설은 시사성 있는 문제에 대한 주의 주장을 펴는 것이므로 어떤 사안이 거론될 때 신속히 작성하여 보도해야 하는 글이다. 논설에서 시사성, 즉 신속성이 결여되면 때 지난 다음에 뒷북치는 행위가 되기 쉽다. 그러나 기자나 논설위원이 될 사람들이 습작으로 쓰는 경우에는 때 지난 사안을 가지고도 연습용 논설을 쓸 수 있을 것이다.

결국 논술은 대학입학을 위한 수험용 글쓰기라고 할 수 있다. 그러나 이러한 논술 훈련을 통해서 논문과 같은 학술적 글쓰기, 그리고 논평이나 사설과 같은 사회적 글쓰기로 이어진다는 점에서 논술은 매우 중요하다. 즉 논술교육은 단순히 대학입시의 목적을 위해 있는 것처럼 인식되고 있지만, 장기적으로는 이러한 대학입시의 목적을 넘어서 사회생활 및 학술활동을 위해 반드시 준비해야 하는 보다 크고 중요한 의미를 가진 글쓰기 교육이라 하겠다.

4.3 독서와 사고력思考力

독서의 목적과 방법

독서의 방법에 대해서는 앞에서 잠간 언급하였으므로 여기서는 각각의 독서법을 독서의 목적과 관련지어 살펴보기로 한다. 독서의 목적은 발달적 독서, 기능적 독서, 흥미 독서 등 3가지로 구분된다.[32]

첫째, 발달적 독서란 문자의 해독능력을 기르기 위한 책읽기이다. 유아기의 아이들은 그림책부터 시작하여 점차로 어휘가 많은 책으로 나아가며 문자와 어휘를 배우게 된다. 또한 초등학교 1학년에서 시작하여 상급학년으로 올라갈수록

---

32) 김혜영. 2006. 독서지도방법론. 마산 ; 경남대학교출판부. pp.18-21

국어, 수학, 사회, 과학 등 여러 가지 과목을 공부하면서 지식세계에 대한 이해력을 넓혀나간다. 이렇게 발달 단계를 거치면서 상급학교에 올라가야만 각기 그 수준에 맞는 책읽기에 적응할 수 있고, 이해력이 더욱 신장될 수 있다. 이러한 단계를 거치지 않을 경우에는 독서능력의 발달이 없거나 매우 더디다. 예를 들면 과거 1950년대와 1960년대 가난으로 초등학교도 다니지 못한 아이들은 어른이 되어도 문자해독능력이 빈약하고, 어휘를 이해하는 능력이 부족하여 책을 읽지 못하는 경우가 많았다. 최근에도 동네 할아버지 할머니들과 말이 잘 통하지 않고, 동문서답이 종종 일어나는 것은 그 분들이 발달적 독서의 기회를 상실하고 노동일만 하고 살아오셨기 때문이다. [33]

발달적 독서에서 활용할 수 있는 독서방법은 우선 낭독이다. [34] 유아기나 초등학교 저학년에서 책을 큰 소리로 읽는 것은 문자의 터득과 의미의 이해력을 높인다. 또한 선생님이나 친구 등 다른 사람이 읽는 것을 잘 듣는 '청독'도 발달과정에서는 매우 중요하다. 스토리텔링은 이러한 '청독'의 일종이

---

33) 학원 등에서 초중고과정을 배우시는 어른들은 늦게나마 발달적 독서의 과정을 경험하는 것이다.
34) '음독'이라고 하기도 하지만 어감이 좋지 않아 '낭독'으로 쓴다.

다. 어린이들은 낭독과 청독이 익숙해지면 점차 정독과 묵독의 방법으로 책을 읽을 수 있게 된다. 발달적 독서는 결국 읽기, 듣기, 쓰기, 말하기의 발달을 위한 독서이므로 다양한 시청각 방법을 동원할 필요가 있다.

둘째, 기능적 독서란 독서 본래의 기능을 발휘하는 진정한 독서이다. 독서의 본래적 기능은 정보와 지식을 습득하여 이를 창의적으로 활용할 수 있게 하는 것을 말한다. 우선 학교에서는 교과서나 참고서의 독서를 통해 정보와 지식을 습득함으로써 지성인으로 사회에 진출하기 위한 준비를 한다. 이러한 과정에서 지식의 습득 정도를 점검하게 되며 그 점검의 방법이 곧 시험이라는 것이다. 따라서 어떤 과목에 시험 성적이 좋으면 그 학생은 그 교과에 대한 기능적 독서를 잘 한 것이다. 나아가 대학이나 일반사회에서도 학업과 연구를 하는 모든 활동에서 기능적 독서가 필수적으로 수반되며 이러한 활동을 활발히 하는 곳에서는 창조적 보고서와 논문이 생산된다. 정부조직이나 일반 회사에서도 자기 분야에 대한 기능적 독서가 있어야만 정책의 결정이나 회사의 경영계획에 창의적으로 반영할 수 있다. 따라서 기능적 독서는 학업수준의 향상과 학문의 발전, 그리고 공사公私경영기획의 기초가 되는 정보와 지식의 습득과 활용을 위한 독서라 하겠다.

기능적 독서의 방법으로는 정독과 묵독이 가장 많이 쓰인다. 어떤 자료를 꼼꼼히 살피지 않고서는 정확한 연구나 업무를 할 수 없기 때문에다. 물론 사안의 중요성에 따라 속독으로 대충 읽고 넘어가는 경우도 있으나 정보와 지식의 습득을 위해서는 정독이 필수적이며 한번 읽어서 이해되지 않으면 재독, 삼독, 사독, 오독 등 회수를 반복하여 읽어야 한다. 또한 중요한 사안은 세미나 발표 및 상호교육을 통해서 정확한 의미를 파악해야 한다.

셋째, 흥미 독서란 문자 그대로 재미를 느끼기 위한 독서이다. 탐정소설이나 만화책을 읽는 것은 정보를 얻기 위한 것이라기보다는 읽으면서 흥미를 느끼기 때문이다. 이는 마치 텔레비전 연속극을 보며 재미있어하는 것과 같은 것이다. 어린이들이 만화책을 좋아하는 이유는 재미에 유혹되기 때문이다.

흥미 독서의 방법은 주로 속독이다. 탐정소설이나 만화책은 빨리 빨리 읽어도 재미가 있어 지루하지 않다. 만화책을 보는 아이들을 지켜보면 책장을 2-3초에 한 장씩 넘기며 낄낄거린다. 그러나 시, 소설, 수필 등 문학작품은 정독 및 재독 삼독이 필요한 경우도 많이 있다.

위에 든 세 가지의 독서 목적은 상호 밀접한 연관성을 가지고 있다. 즉 발달적 독서를 하면서도 기능적 독서로 연결되고, 기능적 독서를 하면서도 흥미독서와 연결할 수 있다. 학생들은 교과서를 읽고, 쓰고, 외우는 발달적 독서를 통해서 지식과 정보를 축적한다. 기능적 독서를 하는 것이다. 그리고 공부를 하면서도 즐거움을 느끼는 학생도 있다. 또한 연구자나 학자들은 기능적 독서를 하면서 독서능력이 더욱 고도로 발달되며 관심을 갖기에 따라서는 기능적 독서에서도 즐거움을 느낄 수 있다. 이 경우 독서의 효과는 더욱 높아진다. 따라서 가장 이상적인 독서는 발달적 독서와 기능적 독서, 그리고 흥미독서가 시너지를 내는 독서라 할 것이다. 독서를 통해서 정보리터러시 능력이 발달하고, 새로운 정보와 지식을 얻어 활용하며, 그러는 과정에서 흥미까지 느낀다면 금상첨화다.

그런데 현실적으로 그렇게 되기는 매우 어렵다. 예를 들면 만화책을 보면서 흥미를 느끼는 학생이 딱딱한 교과서나 위인전은 잘 읽으려하지 않는다. 재미를 느끼지 못하기 때문이다. 따라서 독서지도에 있어서는 위의 세 가지 독서 목적을 고려하여 개개인의 흥미와 적성, 수준 등을 파악하여 적절한 읽기자료를 선택, 개인에 알맞은 방법으로 지도할 필요가 있다. 예를 들어 만화책을 좋아하는 학생에게는 내용이 좋은 만화책을 읽게 유도하면서 점차 기능적 독서로 나아갈 수 있도록 해주어야 한다. 중요한 것은 어느 목적의 독서이든 스스로 관심과 흥미를 느껴야 하며 이는 초등학교에서부터 책 읽기의 습관이 바르게 형성되어야 가능한 일이다. 초등학교에서의 올바른 독서지도가 중요한 이유가 바로 여기에 있다.

독서와 메모 그리고 글쓰기

독서를 할 때 사람들은 그냥 책만 들여다보고 있는 경우가 많다. 그러다가 꾸벅 졸기도 한다. 그러나 그러한 독서로는 독서의 효과가 적다. 특히 정보와 지식을 얻고 활용하기 위한 기능적 독서에서는 정독을 해야 하며 책을 읽는 도중에 중요하게 느껴지는 문장이나 자기의 비판적 생각 내지 추가적인 아이디어를 메모해두는 것이 바람직하다. 자기소유의 책이라면 책의 여백에다 메모를 하여 나중에 참조하면 편리하다. 도서관의 책이라면 별도의 메모지나 독서 노트를 준비하여 메모해 가나는 것이 바람직하다. 이때 읽은 책의 서지사항과 해당 페이지를 적어 두어야 한다. 그렇지 못하면 나중에 참조하고 싶어도 어디서 보았는지 출처를 찾기가 어렵다.

책을 읽고 나서 책의 내용을 요약하는 것은 매우 귀찮고 어려운 일이다. 읽기도 지루했는데 요약까지 하는 것은 더욱 지루한 일이기 때문이다. 그러나 기능적 독서에서는 요약하여 기록해두는 것이 필수적이다. 반복 읽기에 매우 효과적이기 때문이다. 강의를 들을 경우에도 메모하면서 들으면 나중에 기억을 떠올려서 이해하기가 쉽듯이 책을 읽으면서 또는 읽고 나서 내용을 요약하는 것은 독서의 효과를 그만큼 높여준다. 이렇게 하면 기억 속에 저장이 더욱 잘 되므로 나중에 꺼내 쓰기가 쉽다. 또 친구들이나 다른 독자들에게 책을 소개할 경우에도 요약기록을 제공하면 매우 유용하다. 이 경우 친구들은 요약내용을 먼저 읽은 후 본인에게 필요한 책인지를 판단할 수 있고, 필요한 책일 경우 그 책을 정독할 수 있는 것이다.

독서 후의 기록은 다만 요약으로 끝나서는 효과가 적다. 요약도 필요하지만 반드시 본인의 아이디어, 의문점, 반론, 표현상의 모순점 등을 지적하여 적어두어야 한다. 단순한 내용의 요약은 지루하지만 본인의 아이디어를 기록하는 것은 그 책을 통하여 본인에게 일어난 새로운 사유를 기록하는 것이므로 보람 있고 흥미로운 것이다. 독서의 진정한 가치는 독자가 책을 통해서 본인의 사유의 폭과 깊이를 넓히는 것이라 할 수 있다. 사유의 확대를 통해 본인의 능력이 계발되고 나아가 학문이 발전된다.

그러나 독서교육에 있어서는 학생들에게 틀에 박힌 양식으로 독후감을 쓰게 하는 것은 독서 흥미유발에 역효과를 가져오기 쉽다. 독후감을 쓴다면 어떻게 쓰는 것이 좋은지 선생님들이 가이드라인을 제시할 수는 있으나 어떤 양식으로 무엇 무엇을 쓰라고 강요해서는 안 된다. 독후기록의 양식은 각자의 임의에 맡기고 스스로의 흥미에 따라 자발적으로 기록하도록 하는 것이 바람직하다. 그래야만 학생들이 독서의 흥미를 살려나갈 수 있다고 본다. 학생들이 책에다 기록하거나 공책에다 낙서처럼 해 두어도 본인들에게는 무의미하지 않다고 본다. 예를 들어 공부 잘하는 학생들의 교과서는 여백이 온통 메모로 가득 채워져 있다. 교과서 이외의 다른 책을 읽을 때에도 도서관장서가 아니라면 여백에 메모를 할 수 있을 것이고, 별도의 공책을 활용할 수 있을 것이다.[35]

다만 학교에서의 독서교육은 일정 기간마다 독서 발표회를 갖고, 우수자에게는 갖고 싶은 책으로 포상하고, 발표작

---

35) 학교도서관의 장서는 영구보존도서가 아닌 한 학생들이 자유롭게 메모할 수 있게 허용하는 것이 바람직하다고 본다. 어차피 영구보존도서가 아니라면 한 학생이 읽고 메모를 해둔 책은 다른 학생이 읽을 때 먼저 읽은 학생의 생각을 알 수 있게 되는 점에서 이해력을 넓히는 데 도움이 된다. 과거 선배들의 교과서를 물려받아 공부한 경험이 있는 분이라면 선배들의 메모가 이해에 도움이 되었다는 것을 인정할 것이다.

품을 간행물로 제작 배포하는 등 독서동기를 적극적으로 유발하는 것이 바람직하다.

이러한 활동을 통해서 독서는 글쓰기로 자연스럽게 이어진다. 메모로부터 시작하여 점점 체계를 갖춘 글쓰기로 발전할 수 있다. 독서하지 않는 글쓰기는 초등학교 저학년 학생의 일기처럼 유치한 것이 되기 쉽다. 그러나 독서하지 않고 쓰는 일기라 하더라도 매일매일 습관적으로 쓰면 글 솜씨가 발전한다. 이는 학교에 다니면서 알게 모르게 성장하는 지식과 경험의 확대에서 연유한다고 볼 수 있다. 따라서 독서메모를 하면서 매일 매일 일기를 쓴다면 단순한 글쓰기가 아닌 좀 더 내용이 충실한 체계적 글쓰기로 발전할 수 있다. 일기를 쓰다가 문인이 된 사례는 흔히 있다. 전혜린 작가는 고등학교 때 책을 읽고 독후 일기를 써서 단짝 친구와 서로 나누어 읽었다고 한다. 전혜린은 1950년대 중반 경기여고를 나와 부모의 권유로 서울대 법대를 들어갔으나 적성에 맞지 않아 중퇴하고 독일유학을 가서 독일문학을 전공하고 30세 무렵에 성균관대학교 교수가 된 전설적 인물이다. 그녀는 32세에 요절했음에도 짧은 생에 비해 많은 작품을 남겼다. 일기 쓰기는 글쓰기의 기반을 형성해 준다.

유익한 독서, 유해한 독서

앞서 언급한대로 독서의 대상은 글이다. 독서란 책 속의 글이건 인터넷 속의 글이건 글을 읽는 것이다. 따라서 독서를 함에 있어 어떤 글을 읽느냐 하는 것은 매우 중요한 문제이다. 이는 장기적으로 독자의 지적 발달과 인간형성에 큰 영향을 미치기 때문이다. 모든 글 또는 모든 책이 다 좋은 것은 아니다. 인간사회는 언제나 선과 악이 존재하고 있어 글과 책도 이러한 선과 악의 바탕 위에서 산출되어 나오기 때문이다.

부모들은 자녀가 책을 잡고 있거나 책상 앞에서 컴퓨터를 보고 있으면 공부하는 것으로 알고 안심한다. 그러나 독서에도 유익한 것과 유해한 것이 있다는 것을 항상 명심할 필요가 있다. 예를 들면 포르노 잡지를 본다든가 인터넷에서 음란물이나 사행성 사이트를 보는 것은 어른에게도 어린이에게도 결코 이롭지 않다. 따라서 무슨 글을 읽느냐를 살펴보는 것이 독서지도의 첫걸음이다. 독서 자료의 선택은 곧 독서의 출발이기 때문이다.

좋은 글이란 단적으로 말하면 진선미를 담고 있는 글이다. 인간의 지적, 윤리적, 예술적 발달에 도움이 되는 글이라야 좋은 글이다. 예를 들면 고대로부터 수많은 선인들이 연구

저술한 고전들은 좋은 글을 담고 있다. 고전읽기를 권장하는 이유는 고전이 인간세상의 진선미를 역사적으로, 다양한 각도에서 가르쳐주기 때문이다. 교과서는 고전을 포함한 정선된 좋은 글을 학생들의 발달 단계에 맞추어 집약해 놓은 책이다. 따라서 교과서 읽기는 모든 독서의 기초가 된다. 교과서에는 참고문헌을 풍부하게 제시해 놓아야 한다. 좋은 독서 지도란 교과서 읽기를 기초로 관련되는 고전 원문들을 많이 읽게 유도하는 것이다.

좋지 않은 글이란 다른 사람을 비방하는 글, 아집과 독선의 글, 말초신경을 자극하는 글, 사행성을 부추기는 글 등이다. 이런 글들은 책이나 잡지에 더러 있고, 인터넷에서는 매우 흔하다. 책의 경우는 이름난 학자의 저서에서도 남을 비방하는 글을 가끔 볼 수 있다. 문학작품 중에서도 욕설은 물론 관능적 표현을 많이 볼 수 있다. 이런 글이나 책들은 그 글과 책의 전체적 목적이나 예술성은 차치하고라도 어린 독자들에게는 유익함을 주지 못한다. 어린 독자들은 글의 전체를 파악하기에 앞서 단편적 표현을 먼저 배우기 때문이다. 또한 인터넷에 무차별적으로 숨어 있는 포르노 동영상과 야한 설명들은 어른들에게도 백해무익하며 자라나는 청소년들에게는 매우 해롭다. 신선해야할 이성 관계를 포르노가 전부인 것처럼 오도하기 쉬운 점에서 그러하다. 이러한 종류의 정보는 좋은 글을 쓰는데 아무런 도움이 되지 못한다.

따라서 독서지도에 있어서는 항상 좋은 책을 읽을 수 있는 좋은 환경을 마련하고 혹시라도 유해한 책이나 음란물에 접속하지 않는지를 잘 살펴야 한다. 어린이나 어른이나 금지하는 자료는 호기심이 더 가는 것이 인간의 심리이므로 초·중·고등학교 도서관이나 공공도서관에서는 이러한 유해독서가 발생하지 않도록 세심한 주의를 기울여야 한다.

4.4 독서와 표현력

쓰기, 말하기는 독서로부터

예로부터 책을 많이 읽다보면 문리文理가 터진다는 말이 있다. 처음에는 생소한 글이라도 계속 반복해서 읽으면 문장 속에 담긴 깊은 뜻을 파악할 수 있다는 것이다. 일찍이 동양의 성인 공자는 독서광이었다고 전해진다. 공자의 독서는 위편삼절韋編三絕이라는 고사성어로 집약되었다. 당시의 책은 끈으로 묶은 죽간竹簡이었으며 위편은 가죽 끈으로 엮은 죽간인데, 공자는 이 가죽으로 된 책의 끈이 3번이나 끊어질 정도로 많이 읽었다는 것이다. 물론 오늘날의 책에 비하면 죽간에 들어간 내용이 많지는 않았을 것이고, 따라서 공자의 독서량이 그렇게 많지는 않았을 것이라는 추정도 가능하지만 공자가 남긴 저술로 미루어 볼 때 공자는 독서를 많이 했음이 틀림없을 것 같다. 이러한 독서를 통하여 공자는 논어論語: 말씀을 논함를 비롯한 많은 가르침을 남긴 위대한 '논술성인'이 되었다.

독서는 지식의 입력행위이다. 스스로 직접 경험하지 못한 지식들을 독서를 통해서 간접적인 경험으로 입력시키는 것이다. 사실 세상의 모든 지식을 직접 경험으로 터득하는 것은 불가능하다. 따라서 책을 통해서 통시적으로는 고대로부터 근대에 이르기까지 선인들의 지식과 경험을 배우고, 동시적으로는 오늘을 사는 세계 각국 문명인들의 철학과 과학을 간접적이나마 경험할 수 있는 것이다. 이러한 입력행위가 없으면 출력도 불가능하다. 머리에 든 것이 없으면 나올 것도 없는 것은 당연한 논리인 것이다.

논술은 출력행위이다. 출력이란 머릿속에 들어있는 지식정보들을 조직하여 말이나 글로 끄집어내는 것이다. 말로 끄집어내면 강연, 강의, 연설이 될 것이고, 글로 끄집어내면 논술, 논문, 논설이 될 것이다. 강의나 연설을 잘하는 사람은 원고가 없더라도 머릿속에서 자꾸만 새로운 말을 출력할 수 있다. 처음에는 미처 생각하지 못했던 것도 말하는 도중에 생각이 나서 예를 들어가면서 멋지게 설명한다. 독서 및 경험을 통해 머릿속에 입력된 것이 많기 때문이다. 그러나 연설이나 강의를 잘 못하는 사람은 원고를 써가지고 단순히 읽을 뿐이다. 원고에서 조금이라도 표현이 달라지면 당황하기 쉽다. 달라진 상황을 적절히 연결할 수 있는 배경 지식이 부족하기 때문이다. 이러한 현상은 발표수업을 해보면 금방 알 수 있다. 배경지식의 독서를 충분히 한 학생은 막힘없이 설명을 한다. 그러나 충분한 배경지식이 없는 학생은 설명이 막혀 홍당무가 되기 쉽다. 이렇게 볼 때 말하기와 쓰기는 독서에서 나오며 독서라는 간접경험이 없다면 스스로의 체험에서 우러나오는 것이다. 이도 저도 아니면 일상적인 대화는 가능하겠지만 적어도 테마를 가진 말하기와 쓰기는 불가능하다.

스스로 표현하기

독서를 많이 해서 입력된 것이 많다고 하더라도 표현 연습을 하지 않으면 표현력이 증대되지 않는다. 대중 앞에서 말을 해보지 않은 사람은 말이 서툴고 엉뚱하고 이상한, 말도 안 되는 말이 튀어나오는 것을 경험할 것이다. 이는 스스로 표현 연습을 해보지 않았기 때문이다. 따라서 독서를 통해 입력한 지식이 많더라도 스스로의 말과 글로 표현하는 연습을 하지 않으면 안 된다. 이는 말하기도 글쓰기도 마찬가지다. 어떤 이는 말은 참 잘하는데 글을 쓰려고 하면 막혀버린다. 말하는 기능만 치우쳐 발달했기 때문일 것이다. 또 어떤 이는 글을 잘 쓰는데, 말은 서툴고 조리가 없어 싱거운 경우가 있다. 글을 말로 짜서 표현하는 연습을 하지 않았기 때문이다.

이렇게 볼 때 말하기와 글쓰기는 스스로 표현하는 훈련을 계속하지 않으면 결코 늘지 않는다는 것을 알 수 있다. 어떤 테마를 잡아 스스로 말하고 쓰는 연습을 지속해야 하는 것이다. 예를 들어 교수가 강의를 할 경우에도 강의안을 써서 혼자서 거울을 보고 강의를 해보아야 한다. 그리고 틀리는 부분을 끊임없이 고쳐야 한다. 논술도 마찬가지다. 스스로 문제를 내고 스스로 써보는 훈련을 지속해야만 좋은 글을 쓸 수 있다. 결국 말하기와 글쓰기는 자발성에 기초를 두고 있다. 나의 말, 나의 글은 내가 표현하는 것이지 다른 사람이 표현하는 것이 아니기 때문이다. 물론 대학입시 논술은 타율적인 글쓰기이지만 이러한 타율적인 글쓰기도 자발적 글쓰기 연습이 잘 되어 있어야만 가능한 것이다.

4.5 독서와 논술, 그리고 도서관

독서와 논술의 현장 가정, 학교, 사회

독서와 논술을 잘하기 위해서는 독서와 논술의 장(場)이 잘 갖추어져 있어야 한다. 독서와 논술의 장은 가정과 학교 그리고 사회이며 이는 교육의 장과 동일하다.

가정은 독서의 출발점이자 도착점이다. 독서는 가정에서 부터 시작된다. 유아기 어린이의 독서습관 형성은 부모와 가족들에게 달려 있다. 가정에 서재를 갖추어 놓고 가족들이 독서를 생활화 하고 있는 가정의 자녀들은 그만큼 독서를 잘 하게 된다. 부모의 적정한 독서지도도 필요하다. 그러나 부모의 독서지도는 부모의 독서취향이 작용하기 마련이어서 자녀의 적성과 소질을 살리는 독서에는 방해가 될 수 있다. 따라서 부모의 자녀에 대한 독서지도는 유해한 독서를 예방하는 수준에서 자연스러운 독서환경을 제공해 주는데 그쳐야 한다. 어떤 책을 읽고 독후감을 쓰게 한다든지, 읽은 책의 내용을 시시콜콜 말하게 하는 것도 좋은 방법은 아니다. 이는 초등학교 저학년 까지는 효과가 있을지 모르나 더 성장한 자녀들에게는 역효과가 날 수 있다. 아이들은 성장할수록 부모의 간섭을 싫어하기 때문이다.

학교는 가장 중요하고도 체계적인 독서와 논술 교육의 장이다. 모든 수업시간이 독서와 논술시간이라 해도 과언이 아닐 것이다. 학교는 교과서를 읽고, 설명을 듣고, 문제를 풀어보고, 써보고, 발표하는 곳이다. 발달적 독서와 기능적 독서가 동시에 이루어지며, 시각, 청각을 포함한 모든 독서방법이 동원된다. 학교 수업을 충실히 받는 학생은 독서와 글쓰기 능력이 자연스럽게 발달한다. 나아가 학교에서 배운 읽기 쓰기능력은 평생 동안 사회생활의 기반이 된다. 따라서 학교에서는 독서와 논술을 고려한 수업설계와 실행이 필요하다. 또한 수업에 필요한 정보자료를 제공하고 학생들이 자발적으로 독서와 논술능력을 기를 수 있도록 도와주는 도서관이 필요하다.

사회는 범위가 매우 넓어서 독서와 논술의 장으로서 사회를 말하기는 매우 어렵다. 그러나 가정과 학교를 제외하고 나머지 사회 속에서 독서와 논술환경이 되는 장소로 범위를 좁히면 전국에 산재해 있는 각종 도서관을 지목할 수 있다. 사실 도서관은 어떤 종류의 도서관이든 그가 속해 있는 사회의 평생교육기관이다. 학생들은 방과 후나 주말에 인근의 공공도서관을 활용하여 독서를 확대하고 논술을 연습할 수 있다. 도서관의 전문사서들은 학생들에게 독서와 논술을 지도하고 안내할 수 있다. 좋은 공공도서관은 학생들의 독서와 논술능력의 향상에 폭 넓은 장을 제공한다. 나아가 공공도서관은 모든 시민의 정보리터러시와 문화리터러시를 제고하는 사회적 광장이다.

4.6 학교 도서관의 유용성

앞서 언급한 바와 같이 학교는 가장 중요한 독서와 논술 교육의 장이다. 또 학교 안에서는 도서관이 독서와 논술 교육의 중심적 공간이다. 각 교과의 수업 준비는 도서관의 협조로 이루어지는 것이 이상적이다. 그래야만 수업자료가 충실해지고 학생들의 정보자료 활용 능력이 발달한다. 교과교사들은 사서교사와 협조하여 수업에 관련되는 도서관 자료를 충분히 확보하여 활용함으로써 수업의 질을 높일 수 있다. 학생들은 수업 전에 미리 참고자료를 찾아 예습하거나 수업후에 선생님이 제시한 자료를 직접 찾아서 읽음으로써 학습효과를 높일 수 있다. 평상시 수업에서 도서관의 정보 활용

방법을 체득함으로써 상급학년에 오를수록 정보리터러시 능력이 향상되고, 글을 쓰고 논문을 쓰는 기초가 형성된다. 학습은 학습자 스스로의 구성에 의해 발달된다는 구성주의 교육 이론은 학교도서관이 잘 작동될 때만 효능을 발휘할 수 있다고 본다. 도서관은 학생들에게 스스로 구성하며 배울 수 있는 풍부한 구성의 소재를 제공해주기 때문이다.

교사의 역할

독서지도와 논술 교육이 어렵다는 것은 독서와 논술 자체의 어려움에도 원인이 있겠지만, 또 하나의 중요한 요인은 독서 및 논술 교육에 대한 연구와 노력 등 공교육에서의 정책적 뒷받침이 미약한데 있다고 본다. 다시 말해 독서지도와 논술지도가 어려운 이유는 이를 위한 체계적인 지도법 및 수업방법이 개발되지 못했기 때문일 것이다. 수업에서 독서와 논술을 활용할 준비가 되어 있는 교사라면 누구나 논술지도에 어려움이 적을 것이다. 따라서 공교육에서 교사들이 독서지도와 논술지도를 수행할 수 있는 여건을 조성해 줄 필요가 있다.

한편 교사 스스로도 독서와 논술지도에 대한 연구와 아울러 그 결과를 수업 현장에서 적극 활용하려는 의지가 있어야 한다. 이를 위해 교사들은 해당 학년의 전 교과에 대한 통합 교과적 독서를 지속해야 하며, 고전과 명저, 시사문제들을 끊임없이 탐독하면서 아이디어의 메모, 글쓰기, 논문쓰기를 지속해야 할 것이다. 스스로 독서와 논문을 쓰지 않으면서 학생들에게 독서와 논술 교육을 실행하기는 어렵다고 본다.

또한 학교도서관의 사서교사들은 수업을 담당하는 교과가 없으므로 독서와 논술 교육을 자연스럽게 할 수 있는 좋은 위치에 있다. 교과교사와의 수업정보 상담은 물론 학생들의 독서지도와 논술지도를 함께 수행할 수 있는 것이다. 그러나 이를 위해서는 사서교사의 독서 및 글쓰기 능력이 구비되어야 하며, 이 역시 본인들의 연구와 노력은 물론 체계적인 재교육 프로그램을 통하여 논술 능력을 개발하는 교사교육이 뒷받침되어야 할 것이다.

4.7 효과적 독서지도와 논술교육의 방향

　결론적으로 효과적으로 독서지도와 논술지도를 하기 위해서는 첫째, 공교육을 담당하고 있는 교육정책당국과 교사들의 인식이 전환되어야 한다고 생각된다. 교육정책 당국은 독서와 논술의 중요성을 인식하고, 독서와 논술교육이 효과적으로 이루어질 수 있도록 정책지원을 해야 할 것이다. 독서와 논술이 특별활동의 하나가 아니라 전 교과를 통합하는 또 하나의 중요한 교과로서 인식되어야 한다는 것이다.

　둘째로는 교육을 직접 담당하고 있는 선생님들의 독서와 글쓰기 지도 능력이 제고되어야 한다. 독서지도와 글쓰기 지도가 효과적으로 되지 못하는 이유 중의 하나는 선생님들의 통합교과적 독서 부족과 글쓰기의 부족을 들 수 있을 것이다. 선생님들이 읽고 쓰지 않으면서 학생들을 지도하기는 어렵다. 또한 독서를 해도 자기 전공분야만 국한해서는 통합적 지식과 판단능력이 연마되지 않으며, 글쓰기를 해도 자기 전공분야의 글이나 신변잡기의 글쓰기에 국한한다면 통합적 논술지도는 어려울 것이다.

셋째, 학교와 지역사회에서 독서지도와 논술지도의 환경이 조성되어야 한다는 점이다. 우리 학생들은 학교에 가면 빡빡한 수업시간이 압박하고, 수업이 끝나면 국·영·수 사설학원으로 가야하는 현실에 묶여져 있다. 따라서 독서와 논술을 연마할 수 있는 장소적 시간적 환경이 거의 없다고 볼 수밖에 없다. 독서와 논술을 위해서는 학교도서관이나 공공도서관에서 책을 읽고, 독서와 논술 프로그램에 참여할 수 있는 공교육 환경이 조성되어야 한다. 이러한 문제를 해결하기 위해서는 독서와 논술의 물리적 중심환경으로 역할 할 수 있는 학교도서관에 대한 교육사회적 인식이 획기적으로 전환되지 않으면 안 된다. 또한 학교도서관의 교육적 역할을 유지하여 나가는 인적 환경으로서 사서교사의 전문성과 독서 논술 지도 능력을 배양해야 한다. 또 모든 교과교사의 도서관에 대한 인식과 정보 활용 능력을 제고하면서 각자 전공분야를 기점으로 통합교과적 독서와 논술 지도능력으로 확대하지 않으면 안 될 것이다. 나아가 모든 지역사회의 공공도서관들도 공교육의 수월성을 지원하는 평생교육의 장으로서 보다 내실 있는 교육프로그램을 개발, 운영함으로써 시민의 독서 및 글쓰기 능력을 제고하는 데 일익을 담당해야 할 것이다.

제5장 생활인문학 단상

1. 엄마와의 대화

엄마.

왜?

저 고기 이름이 뭐야.

응, 금붕어야.

근데 왜 금붕어라고 해?

응, 금색이라서.

근데 빨간색도 있는데 저것도 금붕어야?

응.

왜? 노란 색이 아닌데 왜 금붕어야.

엄마도 잘 모르겠네.

왜 그런지 도서관에 가서 더 알아보자.

엄마는 왜라고 대답하고 아이는 왜라고 질문하고, 우리네 일상 대화는 이렇게 어릴 때부터 왜로 시작된다. 왜라는 물음을 던지고 그에 대한 해답을 찾고 그게 인간의 1차적 대화다. 그런데 왜라는 물음에 대하여 대답이 막힐 경우가 많아서, 그리고 그것이 점점 귀찮아져서 나중엔 대답을 포기하기 십상이다. 어떨 땐 왜 그런 걸 물어보냐고 핀잔까지 주니 아이에게서 학문은 멀어진다. 다 그런 건 아니겠지만.

　사람은 천성으로 왜라는 물음을 가지고 태어났는데, 그리고 엄마는 왜라는 대답 겸 질문으로 아이의 의문을 해결해주려 하는데, 중간에 엄마의 대답이 막히니 엄마도 공부를 많이 해야 되겠다. 그런데 그 나이에 어디 가서 그런 눈높이 공부를 할까? 아님, 아이가 학교에 들어가면 선생님이 다 해결해 주실까? 아냐, 그런 것도 아닐 것 같아.

　이럴 때 아이와 함께 동네 도서관에 가면 좋다. 도서관의 책속에는 지식과 지혜가 가득 들어 있다. 우선 거기서 해결을 하고, 안 되면 큰 도서관에 가보고, 또 안 되면 상상력을 동원하여 연구를 해야 한다. 도서관은 왜라는 물음에 답을 얻을 수 있는 자율적 공간이면서 전문가의 도움을 받을 수 있는 교육적 공간이다. 도서관은 엄마와 어린이의 놀이터이자 학교이며 가정이다. 학교에서는 학교도서관에 가면 좋다. 그래서 도서관은 모든 교육의 SOC라니까. 도서관 내에서의 SOC는 책과 미디어이고. 또 거기서 더 중요한 SOC는 도서관의 구루guru 사서들이다. 엄마들은 아이와 함께 도서관에 가면 좋다. 2016. 11. 6(일).

2. 일기 문학

일기를 쓰면 문인이 된다. 오늘 새삼 떠오른 생각이다. 아침에 송파도서관에 다녀왔다. 어제 알게 된 전혜린의 책을 한권이라도 보기 위해서였다. 문정1동 주민센터 앞에서 초록버스 3317이 송파도서관으로 간다. 송파도서관은 교육청 소속으로 꽤 오래된 도서관이다. 도서관에 들어가니 우중충한데 1층 갤러리에서 그림 전시회를 하고 있었다. 그 앞을 기웃거렸더니 자원봉사자라면서 어떤 아재가 전시설명을 자처한다. 약간 지루한 설명을 들으며 여러 그림들을 관람했는데 좀 이상한 느낌이 들었다. 불교도 아니고 도교도 아닌 좀 낯선 사상이 들어 있는 그림들이다. 동호회처럼 결성된 수련단체의 화가들이 그린 그림이라는 데 너에겐 마치 신흥종교의 선전처럼 느껴졌다.

2층 문학자료실에 들어가 검색을 해 보았다. 한번은 '전혜린'으로 또 한 번은 '생의 한 가운데'로 키워드를 쳤다. '생의 한 가운데'는 전혜린이 번역한 독일 소설이라는데 대출가능하고, 전혜린의 생애를 알 수 있는 책으로는 "불꽃 같이 살다 간 여인, 전혜린"이라는 정공채의 책이 괜찮을 것 같아 둘 다 서가위치 안내표를 뽑았다. 서가에 가보니 전혜린 평전은 있는데 소설 '생의 한가운데'는 아무리 찾아도 없었다. 그래서 직원한테 찾아 달라 했더니 그 직원도 못 찾겠다, 꾀꼬리였다. 개가식이라 이용자가 잘못 꽂아놓을 수도 있으니 나중에 나오면 연락해 달라고 부탁하고 전혜린 평전만 빌려가지고 왔다.

평전을 몇 줄 읽어보니 재미가 있다. 호기심이 더해진다. 우선 서울대 법대를 3년씩이나 다니다 뮌헨으로 유학을 떠나는 이야기가 나왔다. 전혜린은 경기여고를 나왔는데 고등학교 시절부터 문학을 좋아했고 문학적 감성이 풍부했다고 한다. 그런데 아버지가 법대를 가라는 바람에 법대를 가기는 갔는데 도무지 법공부가 맞지 않았다는 것이다. 이러한 증거들은 다 그 분의 일기와『女苑』이라는 잡지에 기고한 글에서 나온다고 했다. 전혜린은 여학교 시절 단짝친구 주혜와 문학 작가가 되기로 마음먹고 문학, 철학, 어학(영, 독, 불, 한문, 한글)을 열성적으로 공부했다고 한다. 그리고 읽은 책에 대하여 날마다 독후일기를 써서 친구와 서로 교환했다고 한다.

앞으로 더 읽어보겠지만 평전의 앞부분만 좀 보아도 전혜린 문학의 출발은 일기인 걸 알 수 있다. 일기라는 글쓰기 습작과 천재적 감성이 시너지효과를 발휘한 것이다. 그래서 일찍이 유학을 가서 독일문학을 섭렵(?)하고 30세 안팎의 젊은 나이에 대 번역문학가와 성균관대학교수가 될 수 있었던 것 같다. 검색을 해보면 전혜린이 번역한 작품은 사강(Sagan, F.)의 「어떤 미소」(1956), 슈나벨(Schnabel, E.)의 「안네 프랑크(Anne Frank)-한 소녀의 걸어온 길」(1958), 이미륵(李彌勒)의 「압록강은 흐른다(Der Yalu Fliesst)」(1959), 케스트너(Kºstner, E.)의 「화비안(Fabian)」(1960), 린저(Rinser, L.)의 「생의 한 가운데(Mitte des Lebens)」(1961), 뵐(Boll,H.)의 「그리고 아무 말도 하지 않았다(Und Sagte Kein Einziges Wort)」(1964) 등이 있다. 또 유작으로 수필집 『그리고 아무 말도 하지 않았다』(1966), 『미래완료의 시간 속에』(1966), 일기 모음 『이 모든 괴로움을 또 다시』(1976)가 있다(한국민족문화대백과사전 참조). 32세에 생을 마감했음에도 그 때까지 이룩한 작품이 저 정도 된다는 것은 그의 천재성을 증명하고도 남을 만하다. 그런데 천재는 왜 일찍 죽을까? 그것도 머리가 너무 좋아서일까, 법학도 남편을 버리고 자살은 또 왜 해나, 그 부분은 이해가 잘 안 된다. 살았으면 노벨상도 탔을 것 같은데…

아무튼 일기, 일기가 중요하다. 일기란 사소한 사실(fact)의 기록만이 아니다. 어릴 때는 상상력이 덜 발달되어 밥 먹고, 학교 가고, 아기 보고, 숙제하고, 바람이 상쾌하고, 이런 좀 사소한 사실들을 일기에 쓰지만, 감성과 상상력이 늘어나면서 일기는 문학이 되어간다. 일기가 이렇게 중요하다는 걸 예전엔 왜 몰랐을까? 일기는 모든 글쓰기의 기본인데, 쓰다보면 생각이 생각을 낳고, 문학적 감성이 더해지면 작품도 탄생할 텐데… 그래서 네가 요즘 하루에 한두 편 인기 없는 일기를 써서 SNS에 올리는 것도 나름 의미가 있다고 생각해 본다.2016. 7. 9(토).

3.글 읽는 소리

글은 읽고 또 읽어야 한다. 읽으며 그 의미를 생각해야 한다. 그렇지 않으면 무엇을 읽었는지도 잘 모르지. 특히 어릴 때는 소리 내어 읽는 게 좋다. 소리 내 읽으면 귀로도 들리니 시청각 효과가 일어나 글에 담긴 의미를 더 잘 파악할 수 있고 발음의 정확성도 향상시킬 수 있다. 아나운서들은 글을 소리 내어 읽는 사람들이지. 그래서 발음도 비교적 정확하고, 이해도 빠른 것 같다.

예전에 어른들은 글 읽는 소리가 3이웃에 들리게 하라고 하셨다. 예전엔 서당이건 어디건 글을 소리 내어 읽었다고 한다. 자꾸 소리 내어 읽다보면 문장에 익숙해지고 공부한 바를 전달하고, 가르치기도 쉬웠을 것이다. 입에 달달 외우면 이해력도 설명력도 늘어날 것이다. 영어를 공부할 때도 교과서 기본 문장을 소리 내어 달달 외우면 교과서 1권 만 외워도 실력이 확 는다고 들었다. 중학교 영어교과서를 다 외우고 소화하면 그 다음부터는 영어가 술술 늘어 영어로 말 을 구사할 수 있게 되는 것이다.

그래서 결론은 읽을 때는 낭독하고 또 깊이 생각하고 글을 쓸 때는 묵상하는 게 좋다. 글을 쓰고 나서 그 글을 낭독해보 면 글이 어색한지 어떤지도 쉽게 판달 할 수 있다. 그래서 너 의 독서 논술 이론을 한문으로 한번 정리해 보았다.

너의 독서논술 이론 (안)

讀書之道 在於念解智德

　　　　　독서의 도는 지혜의 덕을 이해하는데 있고

論述之道 在於設智德也

　　　　　논술의 도는 지혜의 덕을 바로 세우는 데 있으며

講說之道 在於覺智德焉

　　　　　강설의 도는 지혜의 덕을 깨닫게 하는데 있으니

成均行三 則明賢之道也

　　　위의 셋이 균형을 이루면 현자의 길이 더욱 밝아진다.

修言然後 以其言作文焉

　　　　　　　　　말을 다듬은 연후에 그 말로 글을 쓰고
修文然後 以其文作言也

　　　　　　　　　글을 다듬은 연후에 그 글로 말을 하라.
讀則溫故 設文則知新焉

　　　　　　　　　읽기는 온고(溫故)요, 쓰기는 지신(知新)이니
溫故深智 滅撞着虛設也

　　　　　　　그 깊은 지혜를 깨달아 헛된 논설을 소멸해야 한다.

❋————————❋————————❋————————❋————————❋

4. 실천인문학 소고

　요즘 어디서나 인문학, 인문학 한다. 참 좋은 현상이다. 인문학이 중요하다는 것은 누구나 다 안다. 그런데 좀 모순이 있다. 인문학이 중요하다면서 대학에서는 인문학을 없애고, 없앤다고 비판을 하니까 보여 주기식　대단위 교양강좌 이벤트나 하고. 대학에서는 인문학이 이미 비주류가 되었지. 거리로 나온 인문학은 도서관, 평생학습 시설을 떠돌며 고아인문학을 하고 있지. 대체적으로 인문학은 명강사들의 강의, 어려운 그리스 고전강의, 동양 사서삼경 강의, 뭐 그런 어려운 것들을 해설하는 걸 인문학으로 알고 있지. 그래서 인문학이 생활 속으로 들어오지 못하는 것 같아.

　네가 볼 때 인문학은 언어로도 하지만 더욱 중요한 것은 그 언어를 생활 속에 녹여 실천하는 게 더 중요한 것 같아. 문사철언예종(문학, 사학, 철학, 언어, 예술학, 종교학)을 통해 배우고 익힌 바를 생활 속에서 얼마나 잘 구현해 내느냐가 사람을 사람답게 만드는 것 같아. 배운 바를, 배운 진리를 실천하지 않기 때문에 요즘 같은 사회 혼란도 일어나는 것 아닌가 싶어. 예를 들면 논어에 "군군신신부부(모모를 보완)자자"라고 있으면 임금은 임금답고 신하는 신하답고 아버지는 아버지답고(어머니는 어머니답고) 아들은 아들답게 생활하면 그게 그 말씀의 실천이거든. 또 "정자정야"라 했으면 정치를 바르게 하는 게 그 말의 실천이거든. 그런데 그런 말을 실천하지 않으면서 말로만 번드르르하게 하니 립 서비스일 뿐이잖아. 하하.

　실천이 참 어렵긴 하지. 너도 실천하지 못한 게 어디 한두 가지니? 그러게 남의 탓 하지 말고 너를 잘 다스려야 해. 이곳저곳 돌아다니면서 견문을 넓히고, 어렵게 느껴지는 고전문학, 동양학도 공부해 가면서 세상의 지리와 역사를 공부해 가면서 그 속에서 네가 반성하고 실천할 실마리를 찾아 좋은 일을 하며 살도록 노력하는 것이 실천 인문학이 아닌가 싶어. 공자님도 "3인행 필유아사언 택기선자이종지 기불선자이개지"라고 말씀했듯이 취사선택을 잘해야지. 한문을 안 쓰니 이상하다고? 요즘은 한문을 안 쓰는 게 대세라 써 봐야 잘 모를 텐데 뭐. 그러기에 언어학이 중요하지. 한글은 한글대로 한문은 한문대로 배워서 그 의미와 이치를 우리 삶에 적용해야 할 텐데, 학자들이 너무 자기 우물 안에만 머무르다 보니 그렇게 되었지. 그래서 너는 실천인문학이라는 말을 쓰고 싶어. 모든 과목에 이론과 실제가 있듯이 인문학도 이론과 실제가 있으니까. Theory and Practice! 2016. 10. 31(월).

5. 돈과 인문학

인문학은 모두들 돈과는 상관이 없는 것으로 시치미를 뚝 따고 이야기를 한다. 그래서 인문학을 하면 돈을 벌 수 없고들 한다. 으레 선비는 가난하다는 예로부터의 인식이 지배해서 그런 것 같다. 또한 현실적으로도 인문분야 전공자들은 취업의 길이 막혀 있다. 예전에는 인문학으로 과거시험도 보고, 그런 분들이 출세하여 사회지도층이 되어 나라의 정치,

경제, 사회, 문화예술을 선도했는데 지금은 그러하지 못하니 세월이 많이 달라진 탓이리라.

예전에 인문학을 공부한 왕이나 벼슬아치들은 가난하지 않았다고 듣고 있다. 오히려 그들은 국가의 녹봉을 받아 백성보다 훨씬 풍요로운 생활을 했고, 풍류도 즐기면서 인간답게 살았던 것 같다. 선비들은 황진이 같은 지식인 여성과 음주가무하고 시조를 읊조리며 멋진 문학과 노래를 즐겼다고 한다. 더군다나 임금은 왕비 말고도 수 십 명의 궁녀를 거느리고 로맨틱한 생활을 합법적으로 즐겼다고 하니 그건 좀 심했던 것 같다. 심지어 세종대왕 같은 성군(聖君)도 그랬다고 하는 걸 보면 왕이나 서민이나 본성적 성향은 대동소이했다고 말할 수도 있을 것 같다.

오늘 인문학은 돈과 분리되어 있지 않다는 생각이 들었다. 돈이 없으면 인간다운 생활을 할 수 없기 때문이다. 그러나 인문학적 생활에 그다지 많은 돈이 필요한 것 같지는 않다. 먹고, 마시고, 사랑하고, 공부하고, 그것은 인간에게 꼭 필요한 것이다. 그래야 인간사회가 발전한다. 그러나 그것은 해당 인간사회의 윤리와 도덕의 범위 내에서 해야 한다. 돈이 좀 있다고 부도덕한 행동을 하는 사람은 인간으로 봐 줄 수 없다. 돈이 많은 사람이 인간적으로 행동하려면 옛날 경주 최 씨처럼 베풀어야 한다. 돈을 많이 벌되 이웃들도 인간답게 살 수 있도록 배려하고 베풀면 부자도 착한 사람으로 사람대접을 받을 수 있다. 그러나 그러하지 못하면 착한 사람이 못 되므로 비난 받아 마땅하다. 사람을 미워하는 것이 인문학적 태도인지는 잘 모르겠다. 그러나 사람답지 못한 사람은 미워하고, 재판하고, 처벌할 일은 처벌해야 인간사회가 인간답게 돌아간다.

요즘 재벌, 기업가, 부자, 이런 분들 중에 인간답지 못한 사람이 많이 있다. 예술가, 체육인, 판검사, 고위공무원, 교수, 이런 사람 중에도 인간답지 못한 사람이 많이 있다. 그들 때문에 일반 백성들도 덩달아서, 또는 약이 올라서 그들과 투쟁을 해야 한다며 전투적 성향으로 바뀌어간다. 이런 전투적 성향은 사회 곳곳에서 들려오는 대화를 들어보면 알 수 있다. 택시에서, 열차에서, 버스에서, 그들 대화 속에서 좋은 말들은 사라지고 욕설, 남의 흉, 걱정, 비난 등 듣기 거북한 말들이 늘어나고 있다. 칭찬, 감동, 격려, 희망 이런 말들은 이제 거의 들어볼 수 없다.

이는 언론의 영향도 무시할 수 없다. 오피니언 리더로서의 언론이 사회를 인간답게 이끌 수 있는 역량을 갖추었으면 좋겠는 데, 일부 언론은 그러하지 못하여 문제다. 객관적인 것도 좋고, 사실보도도 좋으나 사회의 인문질서를 어지럽히는 스토리는 좀 걸러서 덜 다루면 좋겠다. 언론이 비인간적 인간들에게 노이즈마케팅의 기회를 제공하지 않았으면 좋겠다.

인문학에도 돈이 필요하다. 국가나 기업인들은 인문학 전공자를 적극 채용하고 전체 인문학을 지원해야 한다. 이탈리아 르네상스의 메디치 가문처럼. 그러나 그 돈은 정말 인간다운 일을 하는 데 사용되어야 할 것이다. 그리고 도서관은 그 중심에 있어야 한다. 메디치 가문이 도서관을 세우고 지원한 것처럼. 결국은 자네 또 도서관 타령이로고. 2016. 7. 27(수).

6. 행동인문학

나는 나다. 너는 누구니? 너는 너냐? 그래 맞다. 그래서 우리다. 너와 나의 우리, 우리 집, 우리 아기, 우리 가족, 우리 마누라, 우리 남편, 우리 동네, 우리지구, 그런데 우리 마누라, 우리 남편은 좀 표현에 어폐가 있네. 하하.

너는 새해 꼭두새벽에 일어나 너에게 발아 현미밥, 김 찬(김, 김치), 누룽지 숭늉으로 제법 융숭한 식사를 대접했다.

누룽지는 예전 무쇠 솥 누룽지 바로 그 맛이다. 후식으로 요구르트를 하나 마셨다. 그리고 한소리 또 하고 한소리 또 하는 종편 텔레비전을 꺼버렸다.

잠시 온수매트 위에 앉아 너와 나와 우리를 생각해 본다. 우리 새해엔 어떤 착한 마음으로 세상을 살 것인가? 착함에도 품질의 층위와 결이 있는 것이기에 어떤 층위의 선(善)으로 너와 나의 성품(性品)을 가꿀 것인가? 여기까지 생각하다가 생각이 막혀 화계사로 신년 여행을 떠난다. 다녀와서 이어 써보도록.

삼각산 화계사에 가서 너의 칼럼 '새해의 종소리'가 들어있는 법보 1월호를 챙기고 대웅전 앞에서 합장 기도한 후 공양간으로 내려왔다. 신도, 비신도, 식탐이 얼굴에 서린 중생들, 너도 그 중 한 사람이지. 인간은 입구 상 괄약, 소화기 파이프라인 배관, 출구 하 괄약으로 유기적으로 조직돼 있으므로 식탐은 당연한 생명의 원리지. 줄서서 수저 한 개, 비빔 밥 한 대접, 된장국 한 공기를 받아 맛있게 먹어치웠다. 절밥에 고사리는 한약에 감초와 같다. 아는 사람 하나 보이지 않는 군중 속의 혼 밥. 줄서 떠밀려 설거지를 마치고 종각 주변을 서성였다.

이제 가자. 가방에 법보 세권을 더 챙겨 넣고 일주문으로 내려오시는데, 일주문이 일주문으로 보이지 않네. 양쪽에 보조 기둥이 두개씩 있으니 3주문인데, 지붕의 쓰러짐을 방지하기 위해 보조기둥을 덧붙인 것이지. 백과사전에 보니 일주문은 절 입구에 있는 문으로 세속의 번뇌를 끊고 마음을 일심(一心)으로 통일한 후 청정한 가람으로 들라는 상징적인 의미를 담고 있다고 풀이되어 있다. 그래서 보조기둥이 있더라도 기둥 수를 세세하게 따지지 않기로 한다.

전철 열차 안에서 책을 읽었다. 제목은 어느 초등학교 교사가 쓴 『그 아이만의 단 한사람』. 학교에서 문제아를 정상아로 지도한 체험담이 주저리주저리 적혀 있다. 사례마다 감동적인 내용들이어서 읽는 동안 너도 모르게 눈물이 나왔다. 그렇지, 이런 게 인문학이지. 인문학엔 기쁨, 슬픔, 감동이 버무려져 있지. 사람다우려면 눈물은 필수지. 눈물 없는 사람은 사람다운 사람이 아닐 거야. 인간을 인간답게 바로잡아 주는 인성교육, 이런 게 바로 '행동인문학' 아닐까? 너의 양노안에다 천연 안약을 칠갑하며 어느덧 너의 인문학도서관 둥지에 들어왔다. 두시 반이다.

착함의 층위와 결은 무수히 많다. 때와 장소에 따라서도 그 층위와 결은 다르다. 그래서 착함의 층위는 일률적으로 정의할 수 없다. 그러나 한 가지 분명한 것은 모든 착함의 층

위에는 박애, 정의, 용기, 실천이 들어 있다는 것이다. 이를 한마디로 말하면 인간의 인간에 대한 조건 없는 인간애라 할 수 있으려나. 저자는 스토리 두잉(story doing)이라는 책도 소개했다. 스토리텔링을 스토리 두잉으로 진화시켜야 한다는 것, 이야기를 단순히 이야기로 끝내지 않고 행동으로 실천해야 한다는 것, 바로 그것이었다. 이를 실행하는 사람을 스토리 두어(story doer)라 한다. 그렇다면 이를 '행동인문학'이라고 이름 붙이면 어떨까? 오늘 책과 함께한 너의 여행은 감동이었다. 2017. 1. 1(일).

7. 누가 보스인가, The Boss

1979년 3월 회사에 입사하여 고리원전에 발령을 받고 근무할 때 직속 상사분이 복사해서 직원들한테 나누어 주신 자료랍니다. 인간관계에서 너무 우쭐대고 잘난 척하면 안 된다는 교훈을 주는 것 같아 매우 의미심장하게 느껴졌어요. 같이 해석 한번 해 볼까요.

When the Lord made man, all the parts of the body argued

over who would be boss.
조물주가 인간을 만들 때 각 신체부위가 서로 자기가 대장
이라고 다투게 했어요.

The brain explained that since he controlled all the parts of
the body he should be boss.
뇌는, 자기가 모든 신체 부위를 통제하므로 자기가 대장이
라고 말했어요.

The legs argued that they should be boss, since they could
take the body anywhere it wanted to go.
두 다리는, 자기들이 몸을 원하는 곳으로 데리고 가니 자
기들이 당연히 대장이라고 우겼어요.

The stomach countered with explanation that since he
digested all the food, he kept the body healthy, therefore he
should be boss.
위는, 자기가 음식물을 소화시켜 몸을 건강하게 유지하도
록 하니 자기가 대장이 되어 마땅하다고 받아쳤어요.

The eyes said without vision man could not see where he

was going, therefore they should be boss.
양 눈은, 몸은 보지 못하면 아무 데도 갈 수 없으니 당연히
자기들이 대장이라고 말했어요.

Then the rectum spoke up and applied for the job.
그저자 작은창자가 나서서 자기가 하는 일을 치켜세웠어요.

The other parts of the body all laughed so hard the rectum
closed up.
그 때 신체 모든 부위들이 너무 크게 비웃는 바람에 작은
창자가 그만 문을 닫아버렸어요.

After a few days, the brain got foggy, the leg became
wobbly, the stomach became ill, and the eyes crossed and
could not see.
며칠이 지나자 뇌는 안개처럼 몽롱하고, 두 다리는 흔들리
고, 위는 아프고, 두 눈은 저절로 감겨서 볼 수가 없었어
요.
Soon they all conceded that the rectum should be boss.
얼마 못가 모든 신체부위는 작은창자가 대장이라고 인정
했어요.

Which just goes to prove that you don't have to be a brain
to be boss, just an ass.
엉덩이가 대장이 될 수 없는 것처럼 뇌도 대장이 될 수 없
다는 게 증명되었네요.

-anonymous 무명씨(無名氏).

* ———— * ———— * ———— * ———— *

8. 정약용의 고향, 실학박물관

몇 년 전에 주마간산으로 보았던 경기도 남양주 다산유적
지에 다시 가보았다. 꽃피는 봄이라 그런지 평일인데도 사람
들이 많았다. 천천히 이곳저곳 전시물을 감상하며 다녔다.
실학박물관. 경기도 경기문화재단에서 운영하는 박물관이라
한다. 현대적 디자인 감각으로 꾸며져 있었다. 아무리 혼자
시간적 여유를 가지고 관람해도 전시물을 다 읽어볼 수는 없
는 일. 관람을 마치고 1층 매점에서 "곤여만국전도"를 구입
했다. 안내데스크에 가서 전시도록을 살 수 있느냐고 물으니
도록 발간이 중단되었다고 하면서 간략 판 도록 한권을 건네
주었다. 도록은 바로 옆 도서관에 비치되어 있다고 했다. 그
래서 라운지 겸 그들이 도서관이라고 하는 곳에 가서 셀프

머신 커피 한잔을 마시며 도록을 살펴보았다. 대출은 안 된다고 했다.

박물관이라 그런지 도서관의 개념은 없는 것 같았다. 전시는 문자 그대로 전시효과만 있을 뿐이다. 박물관의 궁극적 목적은 시민들에게 온고지신의 정신을 심어주는 데 있다. 박물관을 통해서 선대의 생생한 역사를 체감하고, 오늘의 우리를 일깨워 이 시대 문명을 올바로 개척해 가도록 이끌어 주는 것이 박물관의 목적일 텐데 아직 그러한 개념은 좀 덜 보였다.

박물관과 도서관은 함께 가야 한다. 박물관과 도서관은 평생교육의 현장이다. 그러나 전시와 행사만으로는 평생교육의 목적을 달성하기는 어렵다. 박물관과 도서관이 시민들에게 알찬 역사문화 콘텐츠를 제시하고 배포하여 공부하게 함으로써 평생교육의 목적을 어느 정도 달성할 수 있을 것이다. 조선 후기 창조적인 실학자들이 일구어 놓은 저 실천적 학문의 결과물들, 수많은 책과 그림들을 구경만 해서는 안 된다. 열심히 읽고 음미하고 연구하여 그 정신적 법통을 이어 새롭고 인간다운 우리 문명을 모색해야 한다. 박물관과 도서관은 그러한 연구 환경과 커리큘럼을 제공할 책임이 있다. 2016. 4. 7(목).

9. 한국인의 생활예절 Korean Etiquette

미8군도서관에 근무하는 사서로부터 좋은 자료를 좀 얻었어요. 〈Korean Cultural Awareness, Army Community Service, 2008〉이라는 자료인데 그 중에 관심이 가는 것은 미국인에게 한국인의 예절을 안내하는 것이었어요. 이제 세월이 좀 지나 한국인도 미국인을 상당부분 닮아가고 있지만 대부분은 아직 우리의 습성을 유지하고 있는 것 같습니다. 번역을 해보니 참 재미있네요. 특히 한국에서는 상점이나 거리에서 사람들을 비집고 다녀도 된다고 안내하고 있으니, 이 부분은 좀 부끄럽습니다. 공공질서에 대한 한국인의 문제점을 꼬집은 건지, 한국에서는 한국인처럼 그렇게 무질서하게 하라는 건지, 좀 씁쓸합니다.

DOs, Korean usually does (지켜야 할 행동)

1. Offer to help and show respect to the elderly and superiors.
어른과 상사를 존중하고 도와 드림.

2. Avoid confrontation and raising your voice when dealing with others.

다른 사람들을 대할 때 대결하듯 맞서거나 목소리를 높이지 않음.

3. Use both hands when you give something to the elderly.
연장자에게 물건을 드릴 때는 양 손을 사용할 것.

4. Use polite form of language when making a request.
무엇을 요청을 할 경우 정중한 말을 사용할 것.

5. Bow to elderly.
어른에게는 허리 굽혀 인사할 것.

6. Pay for a meal if you have suggested it.
식사비는 식사를 먼저 제안한 사람이 냄.

7. Find a way to indirectly say "no"
거절할 경우 에둘러 표현할 것.

8. Koreans shove and bump into people in stores and on the street.
상점이나 거리에서는 사람들을 밀치며 비집고 들어가도 됨.

9. Give someone extra attention according to his/her status.
상대방의 상태를 살펴 관심을 표명함.

10. Be indirect when making a request.
무언가 요청할 때 간접적으로 표현함.

11. Invitation to a meal should be accepted and reciprocated.
식사 초대에는 기꺼이 응하고 다음번에 꼭 보답할 것.

12. A person of lower status, possibly host of the event, will offer a glass to the most honored person.
모임에서 주최자는 반드시 최고위 내빈께 잔을 올림.

13. The hostess is unlikely join the party for the meal.
식사 파티에 여 주인은 직접 자리에 참석하지 않음.

14. Little is usually said during a meal as koreans tend to concentrate on their food.
식사할 때는 말 수를 줄이고 음식에 집중함.

15. Females hold hands with friends of same sex to express their friendship.
여성들은 우정의 표시로 동성 친구들과 손을 잡음.

16. Bring a gift when visiting a Korean at his or her home at first time.
한국인 가정을 처음 방문할 경우 선물을 준비함.

DON'Ts Korean usually doesn't
(삼가야 할 행동)

1. Smoke in front of someone older or superiors.
어른이나 상사 앞에서 담배 피우기

2. Cross your legs in front someone older.
어른 앞에서 다리 꼬고 앉기

3. Begin eating before the person with higher status has.
높은 사람 앞에서 먼저 식사하기

4. Eat before the elder person eats.

연장자가 먹기 전에 먼저 먹는 것.

5. Tip service workers(except for hotel service)
서비스 종사자에게 팁 주는 행위(호텔 서비스는 예외)

6. Hug and kiss when meeting with family or friends.
가족이나 친구를 만날 때 포옹하고 키스하기

7. Say "hello" and make eye contact with strangers.
낯선 사람에게 눈 맞추고 인사하기

8. Accept a gift upon the first offering, refuse first and then accept.
선물을 받을 때 처음부터 덥석 받기(사양하다가 받음)

9. Write a person's name in red.
붉은 색으로 사람 이름 쓰는 것.

10. Call an associate by his or her first name in an effort to be friendly.
친근감 표시로 동료를 이름만 부르는 것.

11. Walk into a house with your shoes on.
신발을 신은 채 집안에 들어가는 것.

12. Negotiate quickly or attempt brevity in business arrangement.
비즈니스에서 협상을 빨리 간단하게 해치우는 것.

13. Refuse a drink at a social event after normal duty hours. It is seen as anti-social behavior.
공식 모임 후 사교모임에서 술 거절(이는 반 사교적으로 비춰짐)

14. Hug or kiss members of opposite gender as a method of saying "hello"
인사하는 방법으로 이성간에 껴안거나 키스하기

15. Drink in front of someone older or of higher status without permission.
어른이나 상사 앞에서 허락 없이 술 마시기

16. Offer hands before elderly dose first.

어른에게 먼저 손을 내밀어 악수 청하기

〈출처 : Korean Cultural Awareness(한국 문화 알아보기),
Army Community Service, 2008〉

10. 약어는 약다

우리는 약어 사용을 좋아한다. 그러나 약어를 쓸 때 누구나 잘 이해할 수 있게, 말이 우습게 되지 않게, 우리말이 훼손되지 않게 주의했으면 한다. 도서관과 박물관의 명칭도 많이들 줄여 쓰고 있다.

예를 들어, 국립중앙도서관을 '국중', 국립중앙박물관을 '국박', 국립어린이청소년도서관을 '국어청' 등으로 부른다. 이중에서 필자가 오해한 약어는 '국어청'이다. 국어에 관련되는 관청처럼 들렸기 때문이다.

그나마 국립민속박물관을 '민박', 어린이도서관을 '어도', 어린이박물관을 '어박' 작은 도서관을 '작도'라고 하지 않는게 다행이다. 언중(言衆)의 언어감각이 작용한 결과인가 보다.

영어 약어는 더 알기 어렵다. 신문을 보다보면 영어 약어도 무수히 등장한다. 최근 태블릿 PC에 관한 기사에서 'B2B'라는 약어를 사용하던데, 나는 그 말이 무슨 말인가 했다. 찾아보니 'Business to Business'라는 것이다. 참 나. to 가 어떻게 2가 되는지? Business가 두 개라서?

필자가 회사에 다닐 때 어떤 기관장께서는 결재를 받으러 가면 언제나 기안문에 들어 있는 약어에 관한 질문을 했고, 기안자가 약어의 전체 구성 단어를 모르면 호통을 치고 결재를 해주지 않았다. 필자는 LCD에서 당한 적이 있다.

"LCD가 무슨 약자지?"

"리퀴드…. 잘 모르겠습니다. 죄송합니다."

"야, 이 사람아, 그런 것도 모르면서 결재 판을 들고 다녀?"

"아이구, 죄송합니다. 알아가지고 오겠습니다."

핀잔을 듣고 약어를 겨우 찾아가지고 다시 결재를 받으러 간 적이 있다. LCD는 'liquid crystal display'로 '액정 표시 장치'였다.

이분의 의도를 좋게 생각하면 약어의 뜻은 잘 모르면서 입에만 익숙하게 사용하는 직원들의 결점을 고쳐주려는 의도, 좀 덜 좋게 생각하면 직원들의 약점을 이용하여 상사의 존재감을 드러내 군기를 잡으려는 의도 둘 중 하나, 아니면 두 개다였을 것이다. 다행히도 필자는 그 후 잘 모르는 약자는 꼭 사전을 찾아보는 습성이 생겼다. 三人行必有我師焉! 그분은 나의 스승인 셈이었다. 약어는 약다. 꼭 찾아보고 사용하자. 2016. 5. 8(일).

※────────※────────※────────※────────※

11. 그 옛날의 인문학, 국립민속박물관

국립민속박물관에 가보았어요. 추억어린 조상들의 생활도구들, 옛날 생활도구들이 많이 있었습니다. 물지게, 바소쿠리, 쟁기, 괭이, 똥 장군, 요강, 숯불 다리미, 뭐 거의 다 있더군요. 옛날 소시 적 지게를 지고 지게작대기로 지게 목발 두드리며, 장단 맞춰 노래를 부르며, 산에 나무하러 가던 생각이 솔솔 나네요. 그 때는 가난했지만 정말 인간적인 시절이었습니다.

저는 이제 이순의 나이를 지났지만 농경사회, 산업사회를 체험했고, 지금은 정보사회를 체험하고 있습니다. 저의 경험으로 볼 때 농경사회는 산업사회보다, 산업사회는 정보사회보다 더 인간적이었던 것 같습니다. 인간은 기본적으로 물리적으로 빠르지 않습니다. 그래서 그런지 빠르게, 바

삐 돌아가는 사회일수록 인간성이 엷어져 가는 것 같아요. 슬기 슬기인들 인지라 과학을 발전시켜 이제 물리적 소통이나 정보의 소통은 기술적으로 매우 빠르고 쉬워졌는데 인간적 소통은 점점 더 막혀가는 것 같습니다. 벽이 없는 사회라면서 벽을 더 높게 치고 사는 이러한 이율배반의 사회, 이러한 사회에서는 과거 느린 인문학의 회복과 실천이 없이는 인문학을 다시 찾기 어려울 것 같습니다. 인문학의 회복, 이것이 정보사회가 극복해야할 가장 중요한 당면 과제입니다. 2016. 5. 7(토).

12. 소설 정의

아침에 잠이 깨자 문득 너의 머리에서 '소설은 삶의 사례 (examples)'라는 소설에 대한 정의가 내려왔다. 요즘 친누이의 단편소설 〈달님〉외 19편을 읽으며 수없이 울었다. 반성도 했다. 나아가 한강의 〈채식주의자〉를 읽고, 신경숙의 〈엄마를 부탁해〉, 박범신의 〈고산자〉 등등을 읽다보니 은연중 떠오른 너대로 소설정의다.

소설은 여러 인생사례를 통해 독자의 삶을 반성하게 하는 기능이 있다. 주로 비정상적인 삶을 묘사하지만 그 속에서 우리는 은연중 인간 본성의 진면목을 보고 깨달음을 얻는다고 할까, 생활을 반성한다고 할까, 뭐 그런 가치 있는 소득을 얻는다. 읽는 동안 몰입의 재미도 즐기지만.

어제부터 소설을 쓰기 시작했다. 너의 과거는 비정상의 연속이었기에 소재는 풍부하다. 시시하고, 유치하고, 치졸하고, 독선적인 소재도 있지만, 슬프고 힘든 팔자관련 소재, 정직하고 보람 있는 소재들도 있기에 대들어 보기로 했다. 용두사미가 될지는 아직 모르겠다. 그러나 쓸 것이다. 뜨기를 바란다거나 그런 욕심은 없다. 정상, 비정상의 삶의 묘사를 통하여 너대로 재미와 보람, 그리고 깨달음의 시간을 갖고 싶을 뿐이다. 2016. 6. 3(금).

13. 영어 학습의 고전, 영어구문론

"The drop hollows the stone, not by its force, but by its frequency.

그 힘으로가 아니요, 그 잦음으로써, 물방울이 돌을 뚫는다."

유진 저 〈영어구문론〉 3쪽, '독자에게 드리는 말씀' 첫머리에 나오는 영어 격언이다. 너는 이 말을 좌우명으로 삼고 있다. 너는 이 말을 좀 의인화하여 이렇게 번역한다.

"물방울이 돌을 뚫어낸다. 이는 힘으로가 아니라, 꾸준한 노력으로 뚫어내는 것이다."

물방울은 의도적으로 노력하지 않지만 인간은 의도적인 노력을 해야 하기에 노력이 어려운 것인가 보다. 의지를 갖되 물방울처럼 부드러운 의지를 가지고 부지런히 공부하면 소기의 목적을 달성할 수 있다는 행간의 의미도 챙겨야 할 것 같다.

이 책은 60년대, 70년대 인기 영어 학습서로 그 뒤 〈삼위일체 영어〉, 〈영어 정해〉, 〈정통 종합영어〉와 더불어 영어학습의 바이블처럼 여겨지던 책이다. 영어의 구문을 다이어그램으로 분석해놓아 영어를 독해하는데 큰 도움이 된다. 너는 검정고시 준비를 하며 이 책을 샀는데, 언젠가 이사 다니다 없어지고 나중에 나온 복제판을 다시 사서 소지하고 있다. 지금도 서점에 있어요.

드로프스drops를 보니 옛날 알사탕이 생각나네요. "드로프스 있어요, 오징어 있어요, 스루메 있어요, 땅콩 있어요, 껌 있어요." 대전 대흥동 시외버스 주차장(지금 대전 성

모병원 인근)에서 쉰도 넘은 아주머니가 버스마다 올라 다니며 오징어 땅콩을 사라고 측은하게 외치던 그 절규, 다 우리 부모님 세대의 설움이랍니다. 그런데 사전에 오징어가 일본어로 スルメ する め라고 나와 있네요. 어떤 분은 스루메를 오징어의 경상도 사투리라고 하던데 그 어원조사는 더 해봐야 하겠네요. 우리 방언이 일본으로 간 것인지, 일본말이 경상도에 들어온 것인지는 더 조사연구를 해봐야 할 것 같아요. 각설하고, 옛날에는 동그란 알사탕을 '드로프스'라고 했어요. drops를 그렇게 발음한 거죠. 일본식으로, 사실 일본인의 영어 발음은 따라할 게 못됩니다. 토이레, 항까치, 한도바꾸, 코히, 도대체 이게 뭐예요. 그런데도 아직 일제 식민시대의 영향이 남아 있어 우리는 몽키, 스빠나, 사시미, 밴또, 와리바시 등을 사용하고 있으니 크게 반성할 일입니다. 2016. 6. 5(일).

14. 현충일(顯忠日)의 뜻

국어사전에는 현충일을 "나라를 위해 목숨을 바친 장병과 순국선열들의 충성을 기념하는 날"이라고 풀어놓고 있네요.

그런데 한자의 의미대로 풀면 더 쉽게 이해할 수 있어요. 현顯은 나타내다, 드러내다, 높이다, 의 의미고 충忠은 충성하다, 충성을 한 사람, 의 의미이니 "충성을 다하다 돌아가신 분들을 드러내 기억하는 날" 이라고 풀 수 있을 것입니다.

우리가 선친 제사를 지낼 때도 지방에다 "顯考學生府君 神位"라 쓰는데 그 의미는 "학생부府(부는 정부, 입법부, 행정부 등의 집, 즉 소속을 의미) 군자이신 님學生府君을 드러내顯 생각하여考 그 신神을 모신 자리位,라고 풀면 더 이해가 쉬울 것 같습니다. 선친을 학생이라고 표현한 것은 참 의미가 심장한 것 같아요. 우리는 지위가 높건 낮건 평생 배우다가 가는 학생이니까요. 돌아가신 모계 계통에도 학생이라는 말을 넣어 표현하는 것이 현 시대의 남녀평등 사회에서는 합당할 것 같아요. "현비유인 안동권씨 신위顯妣 孺人 安東權氏 神位"대신 "현고 학생부 권 여사 신위顯考 學生府 權女史 神位"정도로 쓰면 어떨까요? 2016. 6. 6(월).

15. 외규장각 탐방

강화도에 가 보았어요. 외규장각을 보러 갔지요. 그런데 강화군이 설치한 외규장각 안내판 문장에 어색한 부분이 있었습니다. "설치된 곳으로"는 "설치된 것으로"가 맞을 것 같고요, 두 번째 문단은 비문(非文)이니 차라리 "이곳에 보관 중이던 의궤들은 1866년 병인양요 때 프랑스군이 퇴각하면서 은괴 19상자와 함께 약탈해 갔다. 프랑스국립도서관의 직원으로 근무하던 우리나라 역사학자 박병선 박사를 비롯한 우리 학계와 정부의 끈질긴 반환노력으로 2011년 의궤 295책이 우리나라에 돌아오기는 했으나 영구임대조건으로 5년마다 계약을 갱신하게 되어 있다. 의궤 295책은 현재 국립중앙박물관에 보존되어 있다." 이렇게 좀 구체적으로 설명해줄 필요가 있을 것 같아요.

그리고 건물을 복원했으면 인근에 부속 건물을 더 세워 강화군의 도서관으로 경영하면서 전시도 제대로 하고, 옛 책들을 복제하여 내용을 볼 수 있도록 실질적인 도서관봉사를 했으면 좋겠네요. 2016. 6. 9(목).

16. 그리운 대화님

오늘 지하철을 타고 예술의 전당을 오가며 떠오른 글 제목은 '그리운 대화님', '맞아, 그 생각을 못 했네', '나대로 독서법' 이렇게 세 가지다. 이상하게도 필기구가 제대로 없을 때는 엉뚱한 생각이 더 잘 떠오른다. 그러다가 집에 와서 글을 쓰려고 들면 많은 아이디어들이 지워져 버렸다. 네 머리 바이오칩은 디지털이 아니기 때문인지, 아니면 생각에도 청개구리 근성이 있기 때문인지, 원. 스마트폰에 메모해둔 몇 글자로 지금 글쓰기를 시도하고 있는 데 얼마나 적절한 분량으로 생각을 이어갈 수 있을지 네 마음 너도 모른다.

수서역에서 전철을 타기 전 커피 한 잔을 뽑아 들고, 노인들이 수두룩이 집결해 있는 벤치 쉼터에 앉아 한 모금을 마시고 있는데, 한 칠십 쯤 돼 보이는 할머니 한분이 말을 걸어왔다. 오늘 비 온다고 했나요?, 네가 우산을 들고 있으니까 물어보는 것 같다. 그래서 너는 비가 올지도 모른다고 하더라고요, 하고 대답했다. 그 말에 그 할머니는 약간 시비조로 오믄 오고 안 오믄 안온다고 해야지 모른다는 게 말이 돼?, 하고 중얼 거렸다. 너는 그냥 빙그레 웃었다. 그런데 또 2차 주제가 나왔다. 커피에 관한 것이었다. 박사들이 텔레비전에서 커피가 몸에 안 좋다고 해서 안 먹었는디, 그 다미 또 박사들이 나와서 하루에 두 세잔은 몸에 좋다고 해서 또 먹어. 어떤 게 맞는 건지, 원... 그 할머니도 대화가 그리웠던

거라고 생각하며, 네 그래요, 조금 먹는 거는 몸에 좋대요. 할머니 잘 쉬세요, 하고는 그 자리를 떴다.

지하철에서 일원역을 지날 쯤, 그럼 다음 역은 이원역인가, 하고 익살을 생각하다가 참고 나니 가수 김종환의 옛 노래 한 구절이 떠올랐다. "이른 아침에 잠에서 깨어 너를 바라볼 수 있다면 물안개 피는 강가에 서서 작은 미소로 너를 부르리", 멜로디를 빼고 나면 말도 안 되는 소리다. 하기야 노랫말은 시니까 상상을 통하여 그 감정을 이해할 것 같기는 하다. 그러나 그런 낭만적 현실은 만들기가 쉽지 않다. 너도 그 노래를 따라 부르려고 노력한 적이 있다. 그러나 지금은 잊은 지 오래다. 그런데 이제 다시 생각하니 그 말은 나는 대화가 절실히 필요해, 이 말인 것 같다. 홀로 자고 깨어보니 아무도 말할 상대가 없다. 그래서 외로워. 그런데 현실적으로는 상대가 있어 말을 해 보았자 밤사이 발효된 입 냄새 때문에 여러 말을 할 수도 없다. 우선 양치부터 하는 게 맞다.

현실적으로 네가 추천하고 싶은 대화는 '나 자신과의 대화, 좋은 책과의 대화'다. 텔레비전을 보다가도 정치인 중 머리가 꺼벙한 사람이 나오면 너는 큰 소리로 머리털 좀 깎아라, 한다. 상대가 들을 리 없으니 반말을 해도 대들지 않는다. 그냥 맥없이 혼자서 중얼거리기도 한다. 오늘은 어디로 나가 볼까, 어디가면 신기한 게 있지, 아, 그래도 밥은 먹어야지, 카톡이 안 오면 혼자 큰 소리로 카톡, 카카톡 하기도 한다. 이렇게 저렇게 큰 소리를 내며 통기를 한다. 그러다가 책을 읽을 땐 낙서를 한다. 빨간 펜을 들고 교정을 보는 자세로 책을 읽는다. 그러면 더 이해가 잘 되는 것 같다. 네가 읽은 책에는 낙서가 많다. 저자가 보면 기분이 나쁠지 모르지만, 저자에게 보여줄 일은 없으니 걱정은 안 된다. 고서에도 소장자가 책의 상, 하 여백에 메모해 둔 것을 자주 볼 수 있다.

사실 우리는 태어나서부터 대화 연습을 해왔다. 그런데 대화란 면대면의 직접적 대화만이 아니라 수많은 케이스의 대화가 있다는 것을 서서히 알게 되었다. 지금은 90이 훨씬 넘으신 철학자 김형석 교수는 예전(1984년)에 "영원과 사랑의 대화"라는 주옥같은 수상집을 냈다. 제목만으로도 우리는 영원히 대화를 즐기며, 사랑하며, 존중하며 살아야 한다는 걸 느낄 수 있을 것 같다. 그래서 나는 대화를 '대화님'이라고 부르고 싶다. 그리운 대화님, 사랑하는 대화님, 존경하는 대화님, 좋은 수식어를 다 가져다 붙이고 싶다. 이러한 대화의 기본기를 갖추면 인생이 즐겁고, 다른 인생에게도 즐거움을 줄 수 있을 것 같다. 요즘 "어쩜 이렇게 좋아지죠."라는 광고

문구가 텔레비전에 자주 등장하는데 "어쩜 그렇게 젊어보이세요?, 요즘 얼굴이 참 좋아지셨네요." 이런 준비 자세로 상대를 보면 너도 그만큼 젊고 활기차게 살 수 있지 않을까 싶다. 그러나 오버는 금물이다. 2016. 6. 11(토).

17. 예술의 전당, 문자도 책거리 전시회

예술의 전당 서예박물관의 문자도 책거리 전시회에 가보았다. 책을 소재로 한 옛 사람들의 멋진 그림들이 전시되어 있었다. 예전에도 어쩜 저렇게 멋진 그림을 그려 생활 속에 가까이 둘러두고 몸과 마음을 다스렸는지, 경탄이 절로 나왔다. 조선의 르네상스는 정조 시대에 절정에 달했다고 한다. 정조는 1752년생이니 너보다 꼭 200년 먼저 태어나셨다. 그리고 49세에 일생을 마감하신 단명한 임금이었다. 어릴 때 불운의 가족사에도 불구하고 모든 걸 극복하고 이룩하신 그 분의 문예부흥은 정말 위대하다. 어릴 때부터 학문을 좋아하여 일찍이 동양학의 대가가 되었고, 군주가 되고나서도 끊임없이 공부하고 신하들을 가르친 위대한 학자이자 교육자였다. 정약용 같은 위대한 학자를 길러낸 것은 우연이 아니다. 학생들의 시험답안을 채점할 때는 점수를 짜게 주어 후학들에게 끊임없이 경각심을 보냈다. 홍제전서를 비롯한 수백 권의 저서는 그의 짧은 수명에 비하면 너무나 방대한 것이다. 그런데 또 저런 예술품까지 융성하게 하시다니...

나이 65세에 이르기 까지 겨우 14권밖에, 그것도 허접한 책 밖에 쓰지 못한 너는 한낱 피라미일 뿐이다. 관람을 하는 동안 만감이 교차했다. 진작 깨닫고 열심히 공부했어야 했는데, 벌써 노인 줄에 들었으니 너는 이제 무엇을 어떻게 해야 하는가? 위대한 스승을 만나지 못한 것도 너의 팔자일까? 전생의 업 때문일까? 책거리 그림을 보며 너는 가슴 속 깊이 통한의 눈물을 흘렸다. 그러면서 이제 때는 늦었어도 그림도 그리고, 글씨도 쓰고, 역사도 공부하고, 동양학도 공부하고, 영어도 공부해서 아름답게 생을 마무리해야겠다는 의무감과 책임감이 무겁게 네 가슴을 짓눌렀다. 사진을 못 찍게 하여 도판을 샀다. 내일이 네 음력 생일이라고 아들 며느리가 저녁에 찾아와 속으로 울고 있는 너를 달래주었다. 삼계탕을 사주고, 케이크를 사와 촛불을 켜놓고 노래도 불러주고, 신사임당이 있는 지폐를 몇 장이나 주고 간다. 너는 또 울었다. 2016. 6. 11(토).

18.동화 〈여우와 신포도〉의 또 다른 교훈

이솝 우화에 〈여우와 신포도〉 이야기가 있다. 이 이야기는 너무나 유명하여 아마 모르는 이가 별로 없을 것이다. 이야기의 요지는 여우가 먹음직스러운 포도를 발견하고 따먹으려고 하는데 포도가 너무 높이 달려있어 따 먹을 수가 없다. 아무리 뛰어올라도, 고함을 쳐봐도, 포도송이는 딸 수 없었다. 그래서 할 수 없이 물러서며 스스로 편하게 생각한다. "저 포도는 분명 신포도일 거야."... 좀 해보다 안 되니까 변명을 하면서 목표를 쉽게 포기하는 사례를 제시한 것이다. 이 이야기는 어떤 어려운 일이 있더라도 변명하지 말고 끈질긴 노력을 통하여 목표를 달성해야 한다는 훌륭한 교훈을 담고 있다.

그런데 내 생각에는 또 하나의 교훈이 있는 것 같다. 불가능한 것은 포기하는 용기도 필요하다는 것이다. 개별적으로는 아무리 해도 안 되는 일이 분명히 있다. 사법시험을 10년을 봐도 떨어진다면 노력이 부족하든 요령이 부족하든 포기하는 게 낫다. 미스코리아를 아내로 맞고 싶은 목표도 능력이 있다면 가능할지도 모르지만 보통은 접는 게 낫다. 가능하더라도 행복할 것이라는 보장은 없다. 가능한 목표를 세워서 꾸준히 단계적으로 목표를 달성하는 슬기로운 태도가 더 유용하다. 우리 개체 인간이 살아오면서 포기한 게 그 얼마인가.

중요한 것은 달성 가능한 목표를 세워야 한다는 것이다. 아무리 사람이 호모 사피엔스라 해도 슬기는 하루아침에 솟아난 것이 아니라 단계적이고 장기적인 노력을 통하여 축적된 것이다. 우주과학, 정보과학 등 불가능을 가능으로 만든 오늘의 문명은 수 천 년 동안 쌓아온 인류 슬기의 집합적 결과물이다. 인류가 여우처럼 목표를 쉽게 포기한다면 문명이 이토록 진보할 수는 없을 것이다. 문제는 선택인 것 같다. 포기할 것과 포기하지 않아야 할 것을 판단할 줄 아는 임계 판단력(critical literacy)이 중요하다. 그 판단의 기준은 인류의 평화와 행복이라고 생각된다. 2016. 6. 12(일).

19. 누드 모델

그림을 배우면서 지난 월요일엔 누드 그리기를 체험했다. 실제 모델을 보며 직접 누드를 그리는 것이다. 너희 반 학생들 10여 명 중 남자는 2명 뿐, 여자 분들이 8명인데 그분들이 여성모델을 선택했다.

실제 모델이 왔다. 평범하게 생긴 보통 여성이었다. 그런데 표정이 약간 굳어 있었다. 모델 시현 시간과 휴식시간을 안내하더니 바로 옷을 벗었다. 실오라기는 좀 걸치겠지 했는데 전신 피부를 다 드러냈다. 모델은 이런 포즈, 저런 포즈, 변화를 주어 가며 약 3시간을 성실하게 봉사했다. 너는 촌놈이라 처음엔 좀 당황했으나 곧 그림 그리기에 여념이 없게 되었다.

수업시간이 지나 모델은 가고, 학생들도 종강파티 후 헤어졌다. 그런데 귀가하는 전철 안에서 모델의 잔상이 네 머리속에 계속 아른거렸다. 무슨 여성 몸의 신비 그런 것 보다는 모델의 밝지 않은 표정, 별 대화 없이 고개를 숙이고 떠나가는 뒷모습, 그런 모습에서 우리 모두 뭔가 개선할 일은 없겠는지, 나름 반성을 좀 해 보았다.

여러 사람 앞에서 옷을 다 벗는다는 것, 전문 직업이라고는 하지만, 수치심을 참으며 저렇게 버티고 있다는 것, 이런데서 어떤 인권의 문제는 없는 것일까? 모델이 그 사업이 좋아서, 나도 참여 예술가라는 뭐 좀 이런 차원 높은 마인드로 모델 일을 즐겁게 한다면야 인권의 문제는 없을 테지만, 오늘의 모델 표정에는 육체의 아름다움 이면에 수치심이 가득 들어 있는 것 같아 너 자신 야릇한 양심의 가책을 받았다. 네가 '성인군자'라서 그런 걸까? 2016. 6. 15(수).

20. 인간 이중섭의 그림을 보고

우리에겐 언제나 긍정의 신호를 보내주는 분들이 계신다. 태어나서는 엄마, 아빠가 온 사랑의 보살핌으로 이 생명을 길러주시고, 할어머니(너는 할어머니라고 하고 싶다. 아니면 할아버지를 할버지라고 하든지, 일관성이 있어야지), 할아버지는 함박웃음으로, 이웃들은 멀리서 격려의 신호를 보내주셨다. "아따 그 녀석 장관 감이구면, 아녀 교수 감이여. 제는 장관보다 교수가 잘 맞것어." 이웃 모두가 한 가족처럼 자녀들이 잘 되기를 바랐다.

학교에서는 선생님들이, 착한 또래들이 긍정의 시그널을 주었고, 회사에서는 선배, 부장, 부처장, 처장님들이 긍정의 신호를 주셨다. 그런데 성장하면서, 나이가 들어가면서, 그 많은 긍정의 메시지를 잘 받아들이지 못해 후회가 된다. 어머니의 애틋한 사랑을, 아버지의 자애로운 지원을, 누나의, 매형의, 이웃들의 그 모든 응원을 네가 100% 다 소화해 냈더라면, 너는 지금 긍정의 저서를 100권 이상 제공한 멋진 선비가 되어 있을 것이다. 그리고 날마다 룰루랄라를 부르면서, 친구, 이웃, 후배, 자녀, 아니 모든 신세대에게 응원의 메시지를 날리고 다닐 수 있을 텐데.

그렇다면 이제 너무 늦은 것일까? 아니다. 생명이 있는 한

희망이 있다고, 누군가 말하지 않았던가. 상투적인 표현일지는 모르지만 이러한 긍정의 말씀도 그대로 받아들이는 편이 좋을 것 같다. 지금부터라도 천지사방에서 들어오는 긍정의 신호를 마음껏 받자. 그리고 네가 가진 긍정의 신호를 사람들에게 아낌없이 전달하자. 우리 모두 착한 일을 잘 할 수 있다는 신호를 보내자. 빙그레 미소 띤 얼굴로 모두에게 긍정의 메시지를 보내자. 네가 받은 메시지를 철저히 물려주자. 우리 가족, 우리 아들딸, 며늘아기, 친구, 조카 다 잘 될 거야, 대한민국이 다 잘 될 거야.

오늘은 덕수궁 국립현대미술관에 가서 이중섭의 착한 그림들을 찬찬히 보았지. 감동이었지. 작가의 개인 편지에도, 엽서에도, 은지화에도 어린이의 고추와 같은 착한 그림이 들어 있었지. 도록을 사왔지. 천천히, 자세히 보려고, 이중섭 작가의 긍정의 메시지를 자세히 보려고. 인문학도서관은 긍정의 시그널, 인간적 시그널을 지속적으로 발생하는 제너레이터가 되어야 한다고 생각해. 발전소에 근무해봐서 잘 알잖아. 2016. 6. 16(목).

21. 심포지엄(symposium) & 심포지음(心包智音)

오늘은 SNS가 벽 없는 심포지엄이라는 생각이 들었다. 저마다 여러 생각과 목소리들을 내고 있으니 심포지엄임에 틀림없다. 그런데 너는 오래 전부터 심포지엄을 '심포지음心包智音'으로 번안하여 쓰고 있다. 표준 외래어 표기가 아니라서 혼자 쓸 수밖에 없다. 그러나 진정 대화와 소통을 하기 위해서는 저마다 지혜의 목소리를 내는 것이 바람직하다. 따라서 심포지음心包智音이라는 말이 의미에도 알맞다. 영어의 발음을 취하면서도 참된 의미까지 부여하면 더 좋은 번안이 아닐까?

최근 테러단체나 범죄단체에서 SNS를 범행을 위한 통신 수단으로 활용하여 문제가 되고 있다고 한다. 그런 일이 많아지면 지구촌의 안전을 담보할 수 없을 것이다. 어떤 특단의 대책이 나와야 하겠다. 편리하면서 위험한 것 보다는 불편해도 안전한 것이 낫지 않은가? 우리는 가난한 시절에 더 인간적이고 평화로웠던 것 같다. 필자는 이를 '가난한 평화'라고 부르고 싶다. 그 때는 남을 해치는 사람이 별로 없었다. 있었다면 '소도둑놈' 정도. 소도둑도 밤중에 사람을 만나면 소를 버리고 도망을 쳤다.

정보사회의 그늘은 사이버범죄, 인터넷 중독, 인문학 말

살, 인간성 무시 등이 맞물려 돌아가 언제, 어디서, 무슨 사건이 터질지 알 수 없는 '위험사회'가 되어 가고 있다는 것이다. 모든 국가, 조직, 개인들이 참다운 심포지음心包智音을 전개하지 않으면 우리 슬기인들은 자가당착에 빠져 오스트랄로피테쿠스로 다시 돌아갈지도 모를 일이다.

그런데 심포지음心包智音을 어떻게 전 인류에게 어필(appeal)할 수 있을까? 세계 언어학계가 인정한 세종대왕님께 부탁을 드려볼까? 세종대왕이 어필(御筆)을 내려주시면 세계인들에게 어필(appeal)할 수 있을까? 예? 그 어필은 그 어필이 아니라고요? 아, 네네. 하도 답답해서 한번 갖다 붙여보았어요. 그런데 옛날 임금의 어필은 전부 명필이더라고요. 하하. 2016. 6. 17(금).

22. 잃어버린 〈엄마를 부탁해〉를 부탁해

한권의 책을 잃어버렸다. 서울 덕수궁 어디에선가다. 너는 지하철에서 그 책을 좀 읽으면서 서울시청 역으로 갔다. 너는 책을 읽을 때 언제나 빨간 펜을 지참하는 버릇이 있다. 그리고 책의 내용에 다소 절묘한 표현이나 전에 들어 보지 못한 방언들, 어떤 장면, 장면의 등장인물에 대한 상상 등을 여백에 더러 써놓곤 한다. 네가 덕수궁 이중섭 특별전 입장권을 살 때 그 책을 매표소 옆에 내려놓고 그냥 궁으로 들어 간 건지, 아니면 덕수궁현대미술관 매점에서 3만원 주고 〈이중섭 백년의 신화〉 전시도록을 살 때 그 곳에 내려놓고 그냥 왔는지 도무지 기억이 나지 않는다.

네가 너의 행동의 순서를 즉시즉시 알아차린다면 물건을 잃어버리는 일이 없을 텐데, 네가 뭘 잃어버렸다고 인지할 즈음에는 이미 찾을 수 없는 상태가 되어버린다. 너는 나이가 이순(耳順)이 넘어서 그런지 요즘 들어 부쩍 뭘 잘 잊고, 잃는다. 몇 달 전엔 비싼 안경을 잃어버렸다. 그 때도 기억이 깜깜했을 뿐 아니라 아무한테서도 안경을 보관하고 있다는 소식은 오지 않았었다. 너는 번번이 무엇을 늦게 알아차리고 아쉬워한다. 너는 그 책을 천으로 된 예쁜 책 케이스에 넣어 가지고 다니면서 지하철에서 읽었었다. 요즘에는 스마트폰 때문에 지하철에서 책 읽는 사람이 별로 없으니 너라도 지하철에서 책을 읽어야 한다는 의무감 같은 것을 가지고 말이지.

너는 최근 맨부커상에 빛나는 〈채식주의자〉를 읽고 마치 네가 소설가가 된 것처럼 인간의 본성 내지 근본 문제를 생각하며 업(up)이 되어있는데, 그래서 너의 책꽂이에서 잠자고 있던 〈엄마를 부탁해〉를 꺼내 읽으며 몰입하던 중이었는데, 책과 케이스를 몽땅 다 잃어버렸다. 아이 참, 방법이 없네, 〈엄마를 부탁해〉처럼 잃어버린 책을 찾는다는 전단지를 만들어 뿌릴 수도 없고, 그래서 너는 마음을 크게 가지기로 했다.

모든 것이 언젠가는 너의 소유란 없어. 아버지, 엄마, 마누라, 누이, 선생님, 아니 어떤 스승이라도, 아니 몇 십 년 지나면 너도 네가 아니게 될 거야. 그러니 모든 걸 용서해. 그 책을 누군가가 가져다가 재미나게 읽는다면 그게 더 좋은 일일 수 있어. 말하자면 독서를 권장하는 일에 종사하는 너의 본연의 일을 한 거야. 그러니 그 책을 가져간 사람에게 그 책을 잘 읽고, 멋진 삶을 살아가길 부탁해.

아참, 그런데 며칠 전에 김포 한강신도시 사는 현수형이 세종시로 이사를 가신다며 너에게 준 100여권의 책 가운데 그 책이 보이더라. 너는 그 책을 읽으면 되겠다. 야휘! 고마워요, 현수형. 다음에 세종시로 꼭 찾아뵐게요. 2016. 6. 18(토).

23. 나의 문학 감상 이론: 시는 말도 안 돼

살다 보니 말도 안 되는 일을 많이 본다. 직접 겪기도 한다. 우선 시는 말이 안되는 게 많다. 정상적인 문장들이 아니다. 정상의 문장은 시가 아니라고들 말하기도 한다. 정말이지 시 속에 들어 있는 생각들은 상식이나 정상을 비켜서 있다. 요즘은 지하철역에도 시가 더러 걸려 있다. 시민 공모작도 있고, 스님이나 목자들의 말씀 같은 시도 있다. 말장난 같은 것, 철학적인 것, 향수에 젖은 것, 로맨틱한 것 골고루 많이 있다. 다 글 쓴 이의 생각들이 언어로 표현된 것이다. 그런데 너에게 진실로 와 닿지 않는 시들이 더 많다고 느껴지는 것은 네가 시에 대한 이해가 부족해서일 것이다.

시는 일상 속에서 늘 변화하는 감정을 언어로 표현한 것이라고 생각된다. 변덕과 변화가 무쌍한 인간의 감정을 언어라는 불완전한 도구로 표현하다보니 말이 안 되는 것이 있음은 당연한 것일지도 모른다. 작가의 언어 능력도, 독자의 언어 능력도 다 어느 정도 문제가 없을 수는 없을 것이다. 그래서 시는 언어 표현으로만 감상해서는 시인의 정서를 충분히 감상할 수 없나보다. 그래서 시의 감상 능력은 말이 되지 않는 것 같은 시 속에서도 참 인간의 감정을 발견하는 기술이 아닐까 생각해 본다. 시인의 감정, 감성, 생각, 철학을 비정상적인 언어의 나열 속에서 들춰내야 한다. 그래서 시를 제대로 음미하려면 스스로 시인이 되어야 하는가보다. 시인이라야 시를 알아보고 무릎을 칠 수 있는가 보다.

그러나 다행인 것은 우리 모두가 시인이 될 수 있다는 것이다. 누구든 글을 자꾸 쓰면 작가가 된다. 처음엔 생각이 글을 낳지만 나중엔 글이 생각을 낳는다. 말이 안 되는 글이라도 자꾸 쓰다보면 말이 되고 생각이 깊어진다. 쓰다보면 일기가 되고, 수필이 되고, 수상이 되었다가 시가 되기도 한다. 글을 쓰다보면 우리네 생활이 정리되고, 감정이 다듬어지고, 지식이 지혜로 진화되기도 한다. 글을 쓰려면 글을 읽고 생각하지 않을 수 없다. 생각의 연속적 연결, 그것을 튼실하게 연결하면 좋은 글, 좋은 문학이 될 것이다. 생각의 연결이 꼬이고 약하면 이상한 넋두리가 될 것이다.

그러나 사실 문학의 기초는 일상의 넋두리에서 시작되는 것 같다. 별 것 아닌 것을 별 것으로 만들어내는 상상력과 표현력, 그래서 달나라에 가지 않고도 달을 멋지게 만들 수 있는 능력, 정치인이 아니라도 정치인을 멋지게 만들 수 있는 능력, 그래서 어지러운 인간 사회를 멋지게 만들 수 있는 능력, 그것이 문학의 힘(power of literature)이 아닐는지. 네 학위의 명칭이 문학이기에 문학전공자도 아니면서 주제넘은 생각을 좀 해보았다.

시가 말이 되는지 보기 위해 오늘 성수역에서 읽은 시를 한편 소개해 본다.

안면도 3-꽃지노을

이채민

길이 있어도 떠나지 못하고
한 사람을 위해
먼 산이 등을 내 주었고
만 개의 별이 반짝였다
그리고 우주의 가슴을 피로 물들이고
차마 말로는 말할 수 없는
당신이 거기 있었다.

읽어서 느낌이 오면 어느 정도 시인일 것이고, 그렇지 않으면 그냥 보통사람일 것이다. 2016. 6. 18(토).

24. 숙박 인심

일곱 식구 단칸방에서도 자고 가라던 그 인심, 그게 인문학이야, 이 사람아. 너는 오늘 이렇게 말하고 싶다. 예전의 경험 때문이다. 예전에는 웬만해서는 여관에 가서 잠을 자지 않았다. 일단 그 도시에 사는 일가친척을 찾아보고, 동네 살던 이웃 집 자녀들을 찾아보고, 연락도 안하고 무조건 찾아가서 사정 이야기를 하면 흔쾌히 그럼요, 잘 오셨어요, 누추하지만 주무시고 가셔요. 이렇게들 맞이해 주었다. 그러면서 일부러 밥도 해주고 라면도 끓여주고. 가난한 평화 시대의 인심은 어찌 그리 좋았는지. 네가 초등 및 중학교 때 그리고 고등학교에 갓 들어가서도 경험했던 일이다. 지금으로서는 상상도 못할 일이 그때는 벌어졌었다. 지금은 아들 집에 가기도 미안한 시절이 되었지만 옛날에는 아는 사람이면 누구나 인간을 인간으로 대접해 줘 방문이 두렵지 않고 오히려 반갑게 정담을 나누는 좋은 기회로 삼았었다. 지금 생각하면 어떻게 그런 인간사회가 있었는지 믿기지 않을 정도다.

과거 타령하는 것은 별로 달갑지 않겠으나 네 기억으로는 그랬다. 그러나 오히려 이웃보다 친척들은 이해관계를 따지고, 충고한답시고 나무라고 해서 스트레스를 주었기 때문에 친척집에는 가기가 싫었던 기억도 있다. 한 번은 아버지가 돌아가시고 의지할 곳이 없어 어머니가 경상도에 이사를 가자고 하셔서 단출하게 짐을 싸가지고 이사를 갔었다. 이사를 가니 가장 가까운 친척인 50대 사촌 형님이 반가워하며 자기가 관리하는 산에서 나무를 해다 때도 된다고 했다. 그래서 바로 그 산에 가서 네가 나무를 한 짐 해가지고 왔는데, 이튿날 사촌 형이 어머니한테 와서는 이의를 제기하는 것이었다. 기껏 말려 놓은 곳에 가서 좋은 나무만 골라서 해 갔으니 앞으로는 그래 하지 말라는 것이었다. 어이가 없어 너는 다시는 그 산에는 가지 않았고, 얼마 후 원래 살던 충청도로 유턴 이사를 해버렸다. 친척은 네가 잘 살 때 좋은 것이지 네가 못 살면 아무런 도움이 되지 않고, 오히려 이래라, 저래라, 간섭하며 스트레스만 준다는 사실을 너는 그때 알아차릴 수 있었다. 친척 보다는 이웃사촌이 훨씬 낫고 인간적이라는 것도 그때 알았다.

그렇다. 이웃사촌, 정말 인간적인 분들이었다. 월사금은 못 대주지만 밥을 주고, 과일을 주고, 옷을 주고... 진정으로 성원을 보내주던 이웃들, 그들은 진정한 인간들이었다. 지금도 시골에 그런 인심이 있는지 알 수 없지만, 아마 분명 있는 곳이 있을 것으로 믿고 싶다. 그런데 너는 어제 텔레비전을 보다가 미국의 한 초등학교 6학년 여학생이 아프리카

사람들이 맨발로 다니는 것을 보고 마음이 아파서 신발 200 몇 켤레를 모아서 아프리카에 보낸다는 뉴스를 듣고 기분이 째지도록 좋았다. 그리고 텔레비전의 화면에 나온 그 어린이를 보고 아이 착해라, 예쁘고 기특해라, 하며 중얼거렸다. 그 어린이의 마음이 참 인간의 마음일 것이다. 그런데 우리 정치, 경제, 사회의 고학력 인사들은 되래 참인간에서 멀어져만 가고 있으니 안타깝다. 여나 야나, 왜 통 큰 정치를 못하고 꼴사나운 계파갈등만 하고 있을까? 2016. 6. 20(월).

---

25. 말은 하라고 있고, 글은 쓰라고 있다

말은 하라고 있고, 글은 쓰라고 있다. 누가 한 말일까? 잘은 모르지만 수많은 사람들의 생각 속에 잠재되어 있는 명언(?)이 아닐까 싶다. 여기서 한 술 더 뜬다면 말은 잘 하라고 있고, 글을 잘 쓰라고 있다, 가 될 것 같다. 사실 말이면 다 말인가? 말다워야 말이지. 글이면 다 글인가, 글다워야 글이지.

그런데 말을 말답게, 글을 글답게 쓰기는 의외로 쉽지 않다. 그래서 평생 말 연습, 글 연습을 해야 하나보다. 그게 바로 평생학습이고 평생교육이라고도 생각된다. 1996년부터 한 20여년 여러 대학에서 수업을 하며 절실히 느끼는 것은 학생들에게 말 잘하는 연습, 글 잘 쓰는 연습을 시켜 말을 잘하고 글을 잘 쓰는 기초 능력을 길러주는 것이 중요하다는 것을 깨달았다. 또한 말을 잘하고 글을 잘 쓰되, 궁극적으로는 그 말과 그 글에 맞는 행동을 하는 것이 더욱 중요하다는 것을 절실히 깨달았다. 그게 바로 참다운 인문학이라는 생각을 덧붙여보기도 했다. 말을 잘하고, 글을 잘 쓰는 것이 절반의 성공이라면, 행동을 말과 글에 맞게 하는 것은 더욱 중요한 절반이라는 것도 강조하고 싶어졌다. 아니 말과 글은 좀 서툴러도 행동을 올바르게 하는 것이 더욱 중요하다는 것도 강조하고 싶어졌다. 이는 네가 말을 잘하고, 글을 잘 써서라기보다는 이때까지 수업을 통해, 교육의 본질은 곧 말과 글 그리고 그에 맞는 행동을 실천하도록 하는데 있다는 것을 절실히 느꼈기 때문이다. 사실 사회에 말과 행동이 따로 노는 지식인들이 얼마나 많으며, 그들이 일으키는 문제 또한 얼마나 많은가?

세상에 말을 잘하고, 글을 잘 쓰고, 행동도 거기에 맞게 한다면 그게 전인(全人) 아니고 무엇일까? 전인교육, 전인교육, 말로만 외쳐서는 공염불에 머물 확률이 높다. 초등, 중

등, 대학, 모든 교육, 모든 교과목에서 말을 잘하고, 글을 잘 쓰고, 행동을 거기에 맞게 하도록 교육하는 것이 교육개혁이 아닐는지? 우선 선생님들부터 이런 걸 적극 실천해보면 어떨까? 구태의연한 주지주의 교육에서 벗어나 학교도서관을 통한 구성주의 교육을 더불어 실천하면서 능동적인 참여수업을 해 나간다면 우리 교육의 문제를 어느 정도 해결할 수 있을 것 같은데, 제도권 교육현장에서는 이게 잘 먹혀들지 의문이다. 그래서 도서관을 이런 교육을 하는 곳으로 탈바꿈을 하면 좋겠는데, 이것도 아직 도서관들이 교육의 본질에 접근하지 못하고, 교육자도 부족하여 변죽만을 울리고 있는 것 같아 속이 탄다.

"아니, 지금 공자님 자다가 봉창 두드리는 소리 하는 겁니까? 우선 수능이 급하고 취업이 급하지, 그게 뭐가 그리 중요하다는 겁니까? 그런 건 살아가면서 다 본인들이 알아서 해결하는 겁니다." 이런 항의가 내 귀 바퀴에서 모기소리처럼 웽웽거린다. 그러나 모기는 우리 몸에 질병을 일으킨다는 사실을 똑똑히 알아두었으면 좋겠다. 질병은 예방이 중요하다. 2016. 6. 20(월).

26. 쩍벌남

지하철을 타보면 자리 차지를 많이 하고 앉아 있는 뚱뚱한 남성을 흔히 볼 수 있다. 덩치가 좋은 남성들이 자리를 많이 차지하는 것은 당연한 일이다. 그런데 열차의 좌석은 보통 체격의 남성이 앉기에도 좁다. 좌석이 다 찰 경우는 옴짝 달싹 못하고 앉아 있어야 한다. 잘 못 움직였다간 손과 팔이 옆 승객의 팔이나 옆구리에 닿기가 쉬워 본의 아닌 오해의 소지도 생길 수 있다. 그래서 너는 지하철에서는 가급적 서 있는 편이다. 서 있으면 흔들리는 열차 안에서 균형 잡는 연습을 할 수 있어 체형 관리에도 좋다. 또 너는 강의를 오래 해서 그런지 서 있어도 다리가 별로 아프지 않다. 그래서 가끔 노약자 석에 앉았다가도 나보다 더 심한 실버가 오면 선심을 쓰듯이 벌떡 일어나 자리를 양보하는 여유도 부릴 수 있다.

그런데 지하철에서 좀 보기에 거북한 것은 체격이 좋은, 별로 늙지도 않은 남성이 다리통을 쩍 벌리고, 2인분으로 앉아 있는 경우이다. 덩치로 보아 어찌할 도리가 없는 것 같지만, 그래도 겸손한 구석은 좀 있어야 할 텐데, 미안하거나 겸손한 표정이 전혀 보이지 않을 땐 좀 무식하게 보이기도 한다. 거기다가 전화까지 큰 소리로 해대면 조폭이 아니라도 조폭같이 보이기도 한다. 이런 남자를 두고 '쩍벌남'이라고 하는가 보다.

우리는 남녀 누구나 공동체에 살아가면서 남에게 피해를 주어서는 안 된다는 공공윤리를 지켜야 한다. 즉 배려와 양보의 미덕을 실천해야 한다. 그런데 요즘은 그런 미덕이 많이 사라진 것 같다. 운전 질서도, 승차 질서도 남에 대한 배려는 잘 보이지 않는다. 내리기도 전에 밀고 들어오는 승객들의 야만적 행동, 위험천만한 보복 운전, 우발적 폭력으로 인한 인명의 살상 등은 모두 남에 대한 배려심의 부족에서 기인하는 야만이다. 공동체 윤리의 실천문제는 체화되지 않으면 발현되지 않는다. 가정교육에서, 학교교육에서 윤리가 체화되어 있어야 사회에서도 자연스럽게 발현될 수 있다. 2016. 6. 21(화).

27. 고리타분과 온고지신

사전에서 '고리타분'을 검색하니 '고리타분하다'가 나온다. 그리고 그 뜻은 〈1.(사람이나 그 언행, 성격 따위가)신선함이나 생기가 없이 지루하고 답답하다, 2.(냄새나 공기가)신선하지 못하고 역겹게 고리다〉로 나왔다. 또 '고리다'는 말은

〈1.(사물이나 그 냄새가)썩은 풀이나 썩은 달걀에서 나는 것과 같이 고약하다, 2.(사람이나 그의 언행이)옹졸하고 인색하다〉로 나왔다. 그 뜻이 별로 좋지가 않다. 신선하지 못하고 달걀 썩은 것 같은 냄새가 나서 역겨우니, 만일 어떤 사람이 고리거나 고리타분하다면 우리는 그를 싫어할 수밖에 없을 것이다.

그런데 일반적으로 우리는 오래된 것을 말할 때 고리타분하다는 말을 자주 사용해 왔다. 예를 들면 문헌정보학에서도 고서지학이나 도서관사 등 옛것을 다루는 과목을 고리타분하다고 폄하해 왔다. 이 발달된 현대 과학문명시대에 고서나 고전 등 고리타분한 옛날 것을 배워서 어디에 써먹겠느냐는, 뭐 그런 사고방식이 만연되어 있었던 것이다. 필자가 석사과정에서 서지학을 선택했을 때 어떤 선배 한분이 서지학은 고리타분하다고 내게 귀띔해 주었었다. 사실 그러한 인식은 1990년대부터 고전연구 분야가 취업이나 진로에서 불리해지고, 컴퓨터와 자동화를 다루는 정보기술 과목들이 확대되면서 심화되어왔다. 이는 어찌 보면 인문학이 사회적으로 위축되고 무시되는 시대적 현상과도 무관하지 않다.

이러한 학문의 조류는 정신학문과 기술학문의 균형이라는 관점에서 볼 때 매우 우려스러운 현상이라고 생각된다. 사람이라는 생물은 정신과 물질로 구성되어 있고, 그 두 부분이 다 건강해야 인류사회가 건강을 유지할 수 있다는 걸 모르는 사람은 없는 것 같은데, 우리나라는 교육당국에서나 대학에서나 실제로 정신분야는 점점 배제하고 기술 및 직업교육에 치중하고 있어 문헌정보학자 내지 인문학자를 자처하고 있는 너로서는 매우 걱정스럽다. 너도 고리타분해서 그런 것일까?

이야기를 전개하려면 매우 길어질 것 같아 여기서는 거두절미하고 왜 고전학문을 살려야하는가를, 왜 인문학을 살리고 육성해야 하는가를 몇 마디만 항변하고자 한다. 고전은 정신이다. 인문학은 정신을 똑바로 세우는 학문이다. 역사는 인류정신의 흐름이자 방향이다. 과학기술에도 인류의 정신을 담아내야 한다. 우리는 정신이 나가면 정신 나간 사람이 된다. 도서관은 인류정신의 집적소이며 인류 정신의 발전소이다. 그러기에 도서관은 인문학이라는 정신적 지주를 굳건히 유지하면서 정보기술과 인터넷을 편리한 도구로 활용하는 지혜를 발휘해야 한다. 사서는 인문학을 중심으로 육성해야 한다. 정보기술 쪽을 강조하면 진짜 과학자들에 밀릴 것이고, 인문학자들에게도 밀리게 되어 사서는 설 땅이 없어질 것이다. 정보사회라 아무리 컴퓨터와 인공지능이 발달한다

해도 그 기술은 인간이 이용해야 할 도구일 뿐이며 그 이상 오버하면 인류의 존재가치마저 사라질 위험에 빠지게 될 것이다. 지금도 위험사회라고 하는데, 지금도 지구촌에는 수많은 비인간적 사건 사고가 날마다 일어나고 있는데 얼마나 더 인류를 위험사회로 몰고 가려 하는가? 스티븐 호킹을 비롯한 위대한 과학자들도 이점을 염려하고 있다고 들었다.

그래서 필자는 '고리타분하다'는 말을 '故 理 打 分'이라는 漢字로 바꿔 쓰고 싶다. 옛 사람들이 생각한 이치와 그 이유를 연구하여 인류의 분쟁과 분란을 타개하자는 뜻으로 말이다. 인문학의 정신을 대변하는 '溫 故 知 新'이 옛 사람들이 그렇게 생각한 까닭을 잘 살펴 새로운 지혜를 창조하자는 뜻이라고 200여 년 전에 홍제 정조께서 설파하신 것처럼. 2016. 6. 21(화).

28. 비 내리는 수요일

비가 내린다. 수요일답게 비가 내린다. 예전에 어릴 때 일기에서 썩 먹은 바 있는 수요일 일기의 멘트다. 수요일이라 비가 오는 것은 아니겠지만 일종의 천진 연상법이다. 그래서 재미도 좀 있다. 오늘부터 틀어박혀 앉아 일을 해야 하는데 아직 일이 손에 잡히지가 않는다. 그래서 이 글을 써 놓고 저 시험지 더미들을 들여다봐야겠다. 어제 시험을 친 학생들의 표정이 밝았으니 분명 좋은 결과들이 나오리라 기대하며 지금 너는 돌아가는 선풍기 앞에서 한낮의 여유를 부리고 있다.

젊으나 늙으나 인생은 시험의 연속인 것 같다. 그 시험 가운데는 제도적인 것이 많고 또 중요하다. 요즘은 수능을 제일로 친다. 그 다음은 취직 시험일 것이다. 그러나 더욱 중요한 시험은 내 스스로 내가 날마다 살아가고 있는 실험적 시험이라 생각된다. 무슨 추상적인 말 같지만 우리의 삶은 하루하루가 실험과 시험의 연속이다. 우리의 삶이 실험 내지 시험이라면 우리는 적당히 긴장을 유지하며 살아야 한다.

너무 강박관념을 가질 필요는 없겠지만, 너무 느슨하고 태만하면 실험과 시험에서 성공보다 실패라는 부의 소득을 얻을 것이다. 이것은 모든 개체 인류가 누 천 년 간 이룩한 경험의 법칙이다. 비오는 수요일, 오늘 하루를 어떻게 보내는 것이 실험과 시험에 성공하는 삶일까? 허리를 곧추 세우고 [hurry up], 정신을 차려, 자기 할 일을 성실히 하는 것, 일단은 이 실천궁행이 실험과 시험에서 성공하는 길임을 알아차린다. 네가 너무 중학생 같은 일기를 썼나. 그러나 이 마음

한결같고, 이 실천 한결같으면 C학점을 받아도 후회하지 않으리. 그 학점은 인간적인, 너무나 인간적인 학점일 테니까. 2016. 6. 22(수).

✻————✻————✻————✻————✻

29. 감정의 동물인가, 동물의 감정인가.

오늘 오후 여섯 시경 출판사에서 막 나온 누이의 소설 〈비오는 날의 로맨스〉를 받고 누이의 영혼께 마음으로 신고를 했다. 누이, 드디어 책이 나왔어요, 하고 눈물 한 줌 훔치며, 그래도 산목숨이니 저녁을 먹으로 밖으로 나갔다. 순대국밥 집에 가서 국밥을 먹으며 소주도 한잔 걸쳤다. 비가 오니 누이와 함께 한 그 옛날 생각이 났다. 옛날에 산골에서 우리는 꽤 넓은 국유지를 마치 우리 산처럼 활용하고 살았다. 국유지 임에도 불구하고 아무도 우리 산판에 대해 간섭하는 이는 없었다. 아버지는 그 곳에다 밭을 일구고, 다랑 논도 만들고, 그 산에 수려한 노동을 바치셨다. 지금 생각해도 그 곳은 한 폭의 스토리텔링이 있는 아름다운 산중이었다.

우리 산에는 초목이 무성했다. 한국전쟁 직후라 큰 나무는 별로 없었지만 관목과 잡초가 무성했다. 소, 염소, 돼지,

닭 등 가축, 가금을 기르기에는 정말 안성맞춤이었다. 그래서 그 무성한 초목을 평지 사람들이 베어가지 못하도록 감시하는 일도 우리에겐 꼭 필요했다. 한 번은 아래 동네 십리 밖 사는 아재가 풀을 베러 와서 우리 산에 지게를 받쳐놓고 마구잡이로 풀을 베고 있었다. 이를 목격한 어머니가 나가시더니 경상도 사투리로, 거어서 풀하지 마쉐이, 우리가 말리는 깁니더. 딴 데 가서 해가 가이소, 하고 소리를 질렀다. 그랬더니 그 쪽에서, 아니 온 산판을 다 말리는 거요 시방, 아니 자기들 산도 아니면서 온 산판을 다 말려요. 사람이라는 게 다 동물의 감정인디, 나도 오늘은 여기서 풀 한 짐 해가야겠소. 이러는 것이다. 그 소리에 어머니는 더 화가 나서, 아니 나가라믄 나가지 무슨 잔소리가 그래 많소, 당장 나가시오, 하고 감정의 수위를 높이니, 그 아저씨는 너무 그러믄 못 쓰는기유, 자기 산도 아니면서, 드럽게 지랄하고 자빠졌네, 하고 물러났다. 두 분 다 악의는 없어 보였지만 어쩔 수 없이 욕은 튀어나왔다.

  나는 그때 동물의 감정과 감정의 동물을 구별해보려 생각했다. 둘 다 말이 되는 것 같기도 했다. 그러나 사람은 감정의 동물이다, 라는 말은 흔히 듣던 말이지만, 사람은 동물의 감정이다, 라는 말은 처음 들어 본 말이라 매우 생소하여 웃음이 나왔다. 하하, 사람이 동물의 감정이라고? 무식한 아저씨네, 하하하.

그런데 지금 와 생각하면 이 말도 그 말도 다 말이 되는 것 같다. 사람에겐 감정이 있으니 사람은 감정의 동물이 맞다. 그런데 사람은 기본적으로 동물이니 동물의 감정을 가지고 있다는 것도 말이 된다. 요즘 짐승 같은 사람이 얼마나 많은가? 하기야 짐승 중에 착한 짐승도 많이 있으니 소, 말, 양, 돼지, 닭 이런 동물은 성선의 짐승으로 꼽을 만하다. 이들은 남을 해치지 않는다. 그런데 사람은 모든 짐승을 해칠 뿐 아니라 동종인 사람도 해치니 이게 동물의 감정이 아니고 무엇인가?

모두 정상 인간이라고 폼 재지 말라. 사람이 감정 한번 잘못 발동하면 짐승만도 못하게 된다. 그래서 감옥도 있는 거다. 감옥에서도 인간의 감정을 잘 다스려 재기하여 훌륭하게 되는 사람도 있지만 그건 극소수다. 인간이 짐승의 감정이 되어서는 안 된다. 짐승의 감정이 되려면 착하디착한 한우, 말, 양, 토끼, 종달새, 꾀꼬리 등 아름다운 동물의 감정이 되어 그들이 하는 봉사를 따라할 일이다. 그러나 인간은 인간다워야 한다. 2016. 6. 22(수).

30. 공[球]과 공(空)의 마술

너는 축구를 하지는 못하지만 경기를 보는 것은 좋아한다. 축구는 힘 좋은 젊은이가 하는 경기다. 만일 너같이 연약한 사람이 경기장에 들어가 선수들의 몸에 약간이라도 스친다면 내동댕이쳐지기 십상일 것이다. 선수들은 공을 가지고 넓은 플레이그라운드에서 대범하게 논다. 그 역동감은 관람객들에게 쾌감을 선사한다. 골(goal)을 넣으면 중계 아나운서는 목이 터져라 꼴~ 꼴~ 하며 외친다. 너도 중계방송을 하고 싶었었는데, 그 때 선수들은 차범근, 이회택, 허정무 선수가 날았었는데, "자, 허정무 선수 코너플랙 부근에서 드로잉 공격 되겠습니다. 짧게 이회택에게, 이회택 길게 패스했습니다. 차범근 요리조리 볼 콘트롤, 사이드 슛, 아 꼴 대를 맞고 나오네요. 일본 팀 골 키퍼 골킥 되겠습니다. 길게 찼습니다. 다시 허정무 선수 볼 잡았습니다. 허정무 선수 볼을 참 잘 잡아내네요, 네네, 허정무 다시 길게 패스, 차범근 선수 가슴으로 마크합니다. 이회택에게, 이회택 다시 차범근에게, 차범근 롱 슛, 꼴~ 꼴~ 꼴~ 골인됐습니다. 고국에 계신 동포 여러분 기뻐해 주십시오. 우리가 당당히 일본을 이겼습니다." 이 정도 중계는 대본이 없어도 할 수 있는 축구 드라마다. 그런데 왜 운동 용어는 외래어가 많을까?

공을 가지고 노는 경기로는 축구, 배구, 농구, 핸드볼, 족구, 테니스, 당구, 볼링, 골프 등 여러 질(質)이 있다. 그리고 사람에 따라 선호가 다르다. 그런데 이상한 것은 요즘 골프가 대거 유행하고 있다는 사실이다. 처음에 골프는 고급의 사람들만 할 수 있는 경기였는데, 이제는 전 계층에 퍼져있고, 전 세계적으로 상업화되어 있다. 이제 우리 대한민국 낭자들이 세계 골프계를 주름잡고 있다. 장하고 반갑기 그지없다. 그러나 너는 골프중계방송은 못할 것 같다. 경기 규칙이라고는 홀인원밖에 모를 뿐 아니라 언더파가 무엇인지 도무지 관심이 가지 않기 때문이다. 백 바지를 입고 필드에 나가는 것은 멋이 있어 보이지만 그 시간이면 시원한 도서관에서 독서를 하는 것이 너에겐 더 적성에 맞다. 그래서 출세를 못했는지 모른다.

공은 모가 없이 둥글다. 모가 없으므로 힘을 가하는 방향으로 힘의 세기만큼 굴러간다. 모가 하나라도 있으면 공이 아닐 뿐 아니라 잘 구르지도 못한다. 공이 직육면체라면 경기는 불가능하다. 직육면체는 안정적이므로 차는 대신 자리매김할 때 쓰인다. 주사위처럼 말이지. 구기 종목의 경기는 모나지 않은 둥근 공을 마음껏 활용하는 것이다. 운동은 물리의 법칙에 따른다. 운동은 힘과 방향이다. 그래서 물리학

236 인문학의 즐거움 – 생활 인문학 방법론

이 적용된다.

그런데 네가 왜 이런 이야기를 하고 있지, 아, 공[球]과 공(空)을 비교해보려고, 이제 공(空)을 생각해보면, 우선 공(空)은 공[球]에 비할 수 없는 크기를 자랑한다. 공(空)은 空間, 즉 宇宙空間이다. 공[球]은 이 광대한 우주공간 속에 존재하는 인간과 같은 하나의 작은 물질이다. 그런데 같은 물질이지만 공[球]과 사람은 다르다. 공[球]은 사람이 시키는 대로 하지만 사람은 제 마음대로 한다. 슬기 때문이다. 사람은 날개도 없으면서 저 우주 공간도 왔다갔다 놀이 공간(play space)으로 활용하고 있다. 앞으로는 드론인가 뭔가를 가지고 사람이 매미, 잠자리, 나비, 새처럼 공간을 날아다닐 날도 머지않아 보인다. 그러나 사람이 아무리 슬기가 있다 해도 우주공간에는 당할 수 없다. 사람은 이 우주공간속에서 나고 죽는 운명적 존재이기 때문이다. 공[球]과 사람은 空안에서 놀다가 空속에 묻힌다. 色卽是空 空卽是色. 그 말이 맞다. 아, 할 말이 없다. 2016. 6. 23(목).

31. 식사와 진지

우리는 날마다 식사를 하고, 또 해야 한다. 삼시 세 끼는 못 먹어도 삼시 두 끼는 꼭 먹어야 한다. 아침은 사실 밥맛도 별로 없어 빵이나 우유로 때우는 것이 보통이다. 거기에 모닝커피를 한 잔 걸치면 더 산뜻하다. 하지만 늙은이들은 식탐이 강해 뭔가 자꾸 꾸역꾸역 먹으려 한다. 어떤 늙은이는 아침에도 꼭 밥을 먹으려 해서 자녀들을 괴롭힌다. 그런 행태는 실버인 네가 봐도 아니다 싶다. 젊은이들이 잠이 오죽 많은가? 늙은이들이 제 젊은 시절은 기억도 안 나는지. 젊을 땐 충분히 자고, 일도 열심히 하는 때다. 늙은이들은 그런 자녀들을 보는 것만으로도 즐겁고 행복해 해야 한다. 행복에도 강제성이 좀 들어가야 한다. 자유방임은 행복이 아니다. 행복은 노력의 결과물이기 때문이다.

너는 기독교인이 아니라 행복 전도사는 못 된다. 그러나 경험상 행복의 조건은 어느 정도 알고 있다. 네가 생각하기에 행복의 조건은 배려다. 늙을수록 자기중심적 사고를 갖기 쉬운데, 이를 과감히 버리고 상대방을 위해서, 아들 며느리를 위해서, 후속 세대를 위해서 무엇인가 배려한다면 행복은 저절로 당신 곁으로 찾아온다. 그렇게 하면 한동안 연락이 없다가도 카카오톡이 오고, 그에 대한 답으로 예쁜 사진도 보내면서 서로 마음을 튼다. 거기엔 어떤 흑심도 없다. 그냥 잘 계시는지, 잘 있는지, 그것만으로도 서로 만족이다. 어여쁜 우리 아이들, 힘들어도 힘들다고 하지 않고, 늘 괜찮다고 하고, 아빠 건강하시라고 해 주는 그 마음, 그 마음이 곧 나에게로 와 나는 건강하고 행복하지 않을 수 없다. 이심전심의 건강, 그게 최고의 행복 아닌가? 인생, 사는 거 뭐 별것도 아니다. 하루하루 눈 뜨면 일어나, 상쾌한 아침을 맞고 각자 주어진 할 일을 하면 된다. 너는 이래 뵈도 사람들이 기다리고 있다. 뭔가 새로운 것, 예쁜 것, 특이한 것, 즐거운 것, 그게 물건이든, 책이든, 썰렁한 농담이든, 감명과 행복을 주는 것이라면 대 환영을 받는다.

회사 선배 Y형이 너에게 주신 책을 정리하고 있다. 네가 필요한 좋은 책이 많이 들어 있다. Y형은 너와 생각이 좀 비슷했나 보다. 중국의 역사와 철학, 네가 필요했지만 사지 못한 책들이 Y형의 문고에 들어 있다. Y형이 주신 이러한 책을 읽는 것은 그냥 식사가 아니라 진지를 잡수시는 것에 비유할 수 있을 것 같다. 우리는 날마다 식사보다는 진지를 잡수시는 게 낫다. 식사에는 정성이 덜 들어가지만 진지에는 정성이 더 들어가기 때문이다. 너의 식사와 진지 구분의 기준은 정성이다. 정성이 부족하면 호박떡도 선다고 하지 않던

가? 도서관도 마찬가지다. 도서관의 만족 기준은 바로 배려
와 정성이다. 2016. 6. 23(목).

32. 좌골신경통과 방바닥

방바닥이 치료제라니, 예전엔 미처 몰랐던 일이다. 우리
생활이 서구화 되면서 의자생활, 침대생활이 일반화 되어 우
리는 멋지고 편리한 가구복지를 누리고 있다. 그런데 일반화
의 오류가 생겼다. 요즘 우리 젊은이들은 서양 사람의 체형
이 되어 이제 방바닥에 다리를 잘 접고 앉지 못한다. 그러나
너는 구세대라 가부좌 까지는 아니라도 다리를 요리 조리 잘
접고 앉는다. 어떨 때는 의자 위에서조차 다리를 접고 앉아
의자의 효과를 반감시킨다. 미국 소가 보면 웃을 일이다.

그런데 한 달 전에 네 몸에 통증이 생겼다. 좌편 엉덩이 위
쪽으로 뻐근한 아픔이 와서 걷기가 불편했다. 그래서 파스를
두 번이나 사다가 약 2주일간 붙였더니 좀 나아지는 것 같았
다. 그러나 통증은 곧 원상복귀, 찌릿 찌릿 왼 다리로 신경
신호가 내려갔다.

그래서 인터넷에 들어가 흔히 들었던 '좌골신경통'을 검색

했다. 여러 사이트에서 자세한 설명이 나왔다. 요는 좌골신
경통은 초기에 잘 관리하면 자연 회복되는 경우가 많다고 했
다. 특히 침대 말고, 판판한 방바닥에 허리를 펴고 누워 있
으면 효과가 있다고 했다. 아주 간단한 방법이라 곧 침대를
분해하여 안전하게 세워놓고 맨바닥에서 패드만 깔고 생활했
다. 네가 예전에 자랄 때의 생활스타일과 같아 불편한 것은
하나도 없었다. 지금 한 달 정도 지났는데, 통증이 거의 사
라져가고 있다. 정말 방바닥이 치료제인 것 같다. 아, 우리
조상님들 참 대단하셔요. 어떻게 방바닥 온돌을 다 생각하셨
어요, 덜.

  그런데 하나 의문이 생겼다. 왜 '우골신경통'은 없는 걸까?
있는데 내가 모르는 건가? 그러나 우골신경통이 있다고 해도
문제는 없을 것 같다. 우리에겐 판판한 방바닥이 있으니까.
고맙습니다. 삼신할머니! 저에게 이렇게 건강 회복력을 주셔
서요. 2016. 6. 24(금).

33. 바보는 울지 않는다
바보는 잘 웃는다. 특히 '히히' 하고 웃는다. 천성이 착한

징조다. 그렇지 않고서야 어찌 이 힘든 세상에 그렇게 천진하게 웃을 수 있겠는가. 아기는 천진한 웃음이 귀여우니, 귀여운 '바이보'라 할까. 엄마들이 들으면 발끈 할지 모르지만 아기는 아직 철(哲)이 없어 일반적으로 '바이보'라 할 수 있다. 그렇게 표현을 하지 않을 뿐이다. 정말 귀엽고 예쁜 아가들. 사실 그들에게 바보라는 말은 어울리지도 않는다. 그러나 아가들은 할아버지 할머니가 돌아가셔도 결코 울지 않고 오히려 생긋거리고 있으니, 그래서 내말은 바보라는 건데, 그래도 얼마나 귀엽고 예쁜가? 나는 아가만 보면 예뻐서 죽을 지경이다. 친 손자, 친 손녀가 태어나면 아마 더할 것 같다. 그런 기쁨이 올 때도 있기에 세상 살맛이 날 것이다. 울다가도 웃으면 어디에 털이 난다고들 하는데, 아가만 있으면 나는 어디에 털이 나도 좋으니 반드시 울다가도 웃을 것이다.

한편 눈물 흘리며 엉엉 우는 것도 인간으로서는 마땅히 해야 할 의무다. 일반화는 어렵겠지만 우는 사람은 대체로 착하다. 그들은 철이 들대로 들었다고 보아야 한다. 울음은 착하고 순수할 때 나온다. 연기에서의 울음도 배우가 실제 상황처럼 몰입해야 나온다고 들었다. 여성들에게는 눈물이 많다. 여성들은 남성보다 마음이 착하고 순수하기 때문이다.

칭찬이나 아부가 아니다. 여성 시스템은 그리움, 이별, 사별, 아픔, 반가움, 이런 데서 저절로 눈물이 나오게 되어있다. 그럴 때 여성들은 더 잘, 더 많이 운다. 만일 그런 사연이 있는데도 울지 않으면 그녀는 독종이거나 바보거나 둘 중 하나다. 남자도 마찬가지다. 눈물이 없는 남자는 독종일 수 있고, 바보일 수 있다. 슬프면 울고, 기쁘면 웃고, 너무 기쁘면 눈물을 흘리는 것이 착한 인간의 본성이다. 남자는 좀 대범한 척 보이려고 울지 않는 경우도 있으나 그래도 착한 남자는 속으로는 울고 있다. 그게 인간이니까. 그래서 옛날 가수 진송남의 '바보처럼 울었다'는 노래는 말이 안 된다. 바보는 울지 않기 때문이다. 2016. 6. 25(토).

34. 서울과 인도

인간은 누구나 하늘 아래, 땅위에 살고 있다. 그 곳이 아니면 살 곳이 없기 때문이다. 땅을 밟지 않고 누가 살 수 있는가? 우리는 누구나 어머니의 땅에서 왔기에 어머니의 땅에 있을 때 가장 안전하다. 비행기를 타면 불안한 것은 이 때문이다. 하늘은 존경과 경외의 대상이지만 그리 안전한 곳은 아니다. 하늘에 떠 있으면 우리는 불안하다. 비행기를 타고 제주를 가고, 부산을 가고 미국을 갈 때도 우리 촌놈들은 불안을 느낀다.

하지만 하늘은 우리 삶의 필수 환경이다. 하늘이 없으면 우리는 살 수가 없다. 하늘은 우리에게 숨 쉴 틈을 준다. 숨을 쉰다는 것은 하늘 기운을 받는다는 뜻이다. 우리는 하늘 기운(天氣), 즉 공기를 마셔야 살 수 있다. 불교의 무간지옥(無間地獄)도 거기서 나온 지옥이론이 아닌가 싶다. 간격이 없는 것이 무간無間인데 간격이 없으면 공기가 있을 수 없다. 지옥은 땅 속의 감옥인데 땅속에는 간격이 없다. 그래서 우리가 죽어 땅 속에 묻히면 무간지옥에 가는 것이다. 옛날 왕의 무덤에 공간을 만들어 벽화를 그린 것은 무간지옥을 만들지 않기 위해서였는지도 모른다. 터널은 땅 속에 있어도 천기가 들어오기 때문이다. 그러나 죽어서 지옥에 가지 않는 더 좋은 방법은 불교의 의식대로 화장하여 땅에 뿌리는 것이다.

지금까지 늘어놓은 사설은 일종의 상식이다. 그런데 필자는 이 땅에 살면서 가끔 경이로운 지명을 발견한다. 내가 지리에 취미는 있지만 전공은 아닌데도 땅이름을 볼 때마다 그 의미심장함에 놀란다. 우선 서울의 지명은 서울인데 서울이 한자 이름이 아니라는 게 놀랍다. 한자를 전용하던 시기에는 서울을 한양이라고 했지만 우리는 서울에 더 익숙해 있다. 지금 한양을 쓰는 곳은 한양대학교뿐이다. 더 있다면 아마 한양부동산 정도. 아마 이 땅에 한자가 들어오기 전에는 서울이라는 말이 한양이라는 말보다 더 많이 쓰였을 것이다. 그 후 한양은 한자말이니 사대부들이 썼을 것이고, 서울은 우리말이니 민간인들이 썼을 것으로 추측된다.

도올 김용옥 교수의 〈금강경강해〉에 보면 서울의 어원에 대한 이야기가 나온다(김용옥, 금강경강해, 통나무. 106-107쪽). 서울은 석가가 태어난 코살라왕국의 수도 슈라바스티에서 왔는데, 현장법사가 슈라바스티를 실라벌(室羅筏)이라고 한자로 음역하였고, 우리나라에 들어와 그 지명이 서라벌(徐羅伐), 신라(新羅)로 되었다가 결국 서울로 바뀌어 완성된 지명이라는 것이다. 서울이라는 지명이 부처님의 땅 인도의 지명에서 유래 했다니, 그리고 室羅筏, 徐羅伐, 新羅 등의 한자를 버리고 순 우리말로 서울이라고 했다니 놀랍지 아니한가? 어차피 실라벌(室羅筏)이나 서라벌(徐羅伐) 등은 의미를 택한 것이 아니라 슈라바스티라는 발음을 택한 것이니 세종이후 어린 백성이 이를 한자로 쓸 이유는 전혀 없었다.

그래서 서울은 깨달음을 알리는 곳이다. 석가가 깨달은 곳은 부다가야의 보리수나무 아래라 하나 설법은 슈라바스티의 기원정사에서 했다고 한다. 그래서 서울에 사는 것은 깨달음을 전파하는 도시에 사는 것이니 우리는 날마다 석가모니처럼 깨닫고 살아야 한다. 또한 서울은 대한민국의 수도이니 대한민국은 날마다 깨달아야 한다. 수도를 충남 조치원으로 일부 옮긴 것은 그래서 모순 같다. 세종시라는 좋은 이름을 붙였지만 세종대왕이 그곳에 수도를 정하라고 한 적은 없다. 지금 공무원들이 얼마나 불편한가.

한편 필자는 서울의 젖줄인 한강을 漢江이하고 한 것에는 다소 불만을 느낀다. 중국 한(漢)나라의 강도 아닌데 왜 한강(漢江)이라 하는가? 차라리 크고 넓다는 순 우리말 '한' 이나 大韓民國의 '韓'을 써서 한강, 또는 韓江이라 하면 모를까, 우리의 강에 한나라 漢자는 좀 아닌 것 같다. 이런 식으로 따지면 아마 한이 없겠지만 국토지리학자들이 지명을 연구할 때, 그 지역의 역사적 의미와 유래를 정말 잘 조사하고 분석해야 하겠다. 그래서 지명학이 필요하고 중요하다고 여겨진다. 그런데 우리나라에 지명 연구자는 그리 많지 않다. 이것도 돈벌이가 안 되어서일까? 2016. 6. 27(월).

35. 온 생명, 온 사람, 전인교육

'온'이라는 말은 순 우리말로 온전하다, 완전하다는 의미다. 학자들은 간혹 말장난을 잘 한다. 그런데 그 말장난이 장난이 아닐 경우도 있어 의미가 새롭게 인식될 수도 있다. '온 생명'이라는 말이 있다. 사실 이 온 생명이라는 말은 서울대학교 장회익 교수가 그의 책 『삶과 온 생명』에서 사용한 말이다. 학문이란 모든 생명을 대상으로, 모든 생명을 가치 있게 해야 한다는, 즉 생명 상생의 학문이 되어야 한다는 뭐 그런 주장인 것 같았다. 너무 오래되어 기억이 가물가물하지만 그 때 너에게 '온 생명'이라는 의미는 참으로 새롭게 다가왔었다.

그런데 오늘 너에게 떠오른 한 단어는 '온 사람'이라는 말이다. 물론 일반적으로 통용되지는 않는, 온 생명에서 원용하여 지어낸 말이다. 온 사람이란 완전한 사람이라는 뜻의 순 우리말. 그런데 의미는 제법 더 있는 것 같다. 온 사람을 한자로 번역하면 전인(全人)이 된다. 전인교육(全人教育)이라 할 때 그 전인 말이다. 전인교육의 순 우리말 표현이 온 사람 교육인 것이다. 교육의 궁극적 목적은 완전한 인간의 구현에 있다. 그래서 어디서나 전인교육을 강조해 왔다. 하지만 어디 그게 잘 되던가?

전인교육이 되려면 각자가 '온 사람'이 되고자 하는 소명과 목표가 있어야 한다. 그런데 그렇게 깨닫기까지 개인차가 엄청나다. 어떤 사람은 약삭빠르게 도전하여 좋은 성적을 낸다. 그런데 그것이 능사는 아니다. 성적이 전인을 보장하는 것은 아니기 때문이다. 온 사람을 위한 교육은 바로 각자 자기 자신에게 달려 있다. 답답하지만 어쩔 수 없는 일이다. 2016. 7. 1(금).

36. 종교와 인문학

인문학에는 종교학도 포함된다. 어떤 인문학자는 인문학을 문사철언예종으로 외우기 좋게 요약했다. 즉 인문학은 문학, 사학, 철학, 언어학, 예술학, 종교학이라는 것이다. 종교학의 연구대상은 당연히 종교다. 세계의 여러 종교(신흥종교 포함)를 대상으로 발생배경, 교리체계, 신앙체계 등을 연구하는 것이다. 그래서 종교학은 객관적 자세를 견지한다. 무릇 '학'이 붙으면 어떤 학문이든 편견을 배제하고, 보편성과 합리성 그리고 객관성을 추구한다. 그렇지 않으면 '학'이라는 이름을 붙일 수 없다. 그런데 종교는 일단 '학'이

빠진다. 어느 분야든 '학'이 빠지면 객관성이 떨어지고 그 자리에 편견이 달라붙는다. 각 종교에 편견이 많은 것은 이 때문이다.

종교, 특히 기독교는 무조건 하나님을 믿고 회개하라고 한다. 불교도 부처님께 절하고 소원을 빌고, 염불하고 참회하라고 한다. 물론 그러한 행위는 현실적으로는 매우 착하고 겸손한 태도이며, 겸손은 우리 삶을 착하게 인도하는 인프라이기 때문에 당연히 좋은 것이긴 하다. 그러나 비이성적, 맹목적 믿음은 이성적, 합리적 인간사회를 왜곡하는 원인이 될 수 있다. 그래서 어느 종교건 편견을 배제하는 것이 바람직하다. 종교를 맹목적으로 믿을 때 맹신도가 되고, 그 도가 지나치면 광신도가 되어 이성적 인간사회에 마이너스 영향을 미친다.

그런데 지금 그러한 현상이 세계 도처에서 벌어지고 있다. 종교가 최고선을 추구한다면 세상에 폭력과 전쟁은 없어야 한다. 그런데 예로부터 폭력과 전쟁은 주로 종교가 원인이 되었다. 불교는 예외지만. 너는 10대 때부터 종교에 관심을 가졌었다. 성장환경이 종교적이었고 아버지도 말하자면 종교인이었기 때문이다. 물론 아버지는 어느 교단에도 적을 두지는 않으셨다. 아버지의 종교에 대한 수용기준은 합리성에 있었다. 합리적이면 믿고 그렇지 않으면 믿지 않으셨다. 너는 그 점을 아버지에게서 배웠다. 아버지는 삼신신앙, 원불교, 동학 모두 일정부분 수용하면서도 합리적이지 못한 부분은 미신이라고 따르지 않으셨다. 그러한 점에서 아버지가 존경스럽다.

너도 철이 좀 들고부터는 종교학에 관심을 가졌다. 지금도 종교학에 관심이 많다. 새로 대학에서 공부를 하라면 종교학을 택할 것 같다. 그래서인지 너는 교회에도 가보고, 성당에도 가보고, 절에도 자주 가 본다. 그런데 그 곳들에서 일말의 편견을 발견하면 가기 싫어진다. 편견은 특히 기복과 연결된다. 기도하면 병이 낫고, 수능 100일기도 하면 우수한 성적을 받고, 이런 식의 선동은 종교가 해서는 안 된다고 생각한다. 그런 현수막을 볼 때 그 종교의 편견이 보인다.

현대는 인간중심 사회다. 인간의 이성에 입각하여 합리를 추구한다. 예수님이 육체적으로 부활한다는 주장은 이성적이지 않다. 예수님의 박애정신이 부활한다고 하면 그것은 이성적으로 숭고하게 받아들일 수 있다. 그런데 죽은 육체가 부활한다는 것은 의학적으로 믿기 어렵다. 반면 불교의 교리는 이성적이고 합리적인 점이 많다. 다만 선불교를 도입하면서 비구승을 만드는 바람에 수많은 위선이 일어났다. 스님들도 처자식을 거느린 분들이 있다. 이는 어떤 스님이 돌아가시면 안다. 그래서 너는 종교적이되 무종교를 지향한다. 2016. 7. 7(목).

✳ ─── ✳ ─── ✳ ─── ✳ ─── ✳

37. 종(鐘)의 기원

종은 언제부터 존재했을까? 동양 고대로부터 종정문(鐘鼎文)이 있는 걸 보면 종은 고대의 작품임에 틀림없다. 서양에서도 교회의 종소리가 울려 퍼진지 오래다. 백과사전에 보니 우리나라 종의 시초는 큰 방울鐸로서 기원전 4세기에 출현한 것으로 보이며, 그 후 방울은 계속 제작, 사용되어 왔다고 한다. 중국에서도 〈삼국지〉, 〈후한서〉, 〈진서〉 등에 종에 대한 단편적인 기록이 있다고 사전은 전하고 있다(한국민족문화대백과사전). 이렇게 보면 동양의 종은 방울이 그 효시인 것 같다. 방울이 주술적, 종교적인 목적으로 사용되면서 불교에서는 범종(梵鐘)과 목탁이 되었고, 다른 종교나 민간에서도 크고 작은 종들이 널리 사용되어온 것 같다. 서양에서의 종의 기원연대 역시 확실하지는 않으나 일찍이 로마 가톨릭에서 사용했다고 하니, 역시 고대로부터 종이 존재해왔다고 추정할 수 있다.

　너는 개인적으로 종을 좋아한다. 네 이름에 쇠북 종자가 들어있다. 어려서부터 종을 좋아한 것은 학교 종 때문이다. 예전의 학교에서는 꼭 종을 울려서 수업시간의 시작과 끝을 알렸다. 그래서 학교종이 땡땡땡 어서 모이자, 선생님이 우리를 기다리신다, 라는 노래가 학교에 입학하여 최초로 배운 노래다. 종소리는 대개 경쾌하다. 지금은 교회의 종소리가 사라졌지만 예전에는 교회의 새벽종 소리가 마을에 시간을 알려줘 사람들이 노동과 출근을 준비했다. 닭도 시계였지만 종도 시계였던 셈이다. 산사의 종소리는 지금도 은은하게 울려 퍼져 밀레가 아니라도 생각이 깊은 사람들에게 경건한 마음을 자아내게 한다. 이 세상에 종이 없었더라면 얼마나 답답하고 삭막했을까? 그래서 온갖 디자인과 아이디어가 종에 가미되어 악기, 요령, 말방울, 풍경, 범종, 에밀레종, 교회종, 보신각종, 학교종 등등으로 전개되어 온 것으로 생각된다. 자세한 것은 더 깊이 연구를 해보아야 하겠지만.

　오늘따라 종소리가 그립다. 학교종소리도, 교회의 종소리도, 산사의 범종소리와 목탁소리도. 종소리는 흐릿한 우리의 의식을 깨워준다. 그런데 이제 그런 종소리를 잘 들을 수 없으니, 아마 이 사회에 경건하게 깨어 있는 사람들이 줄어드는 것은 종이 역사적 유물로서만 존재하고 현실에서는 멀어져 가는 데 그 원인의 일단을 찾을 수 있지 않을까 생각된다.

예? 스마트 폰 소리가 있지 않느냐고요? 아, 예, 그런데 그 소리는 예전의 종소리와 천양지차이가 나는데요. 너의 도서관엔 요령이 하나 있습니다. 전에 여주에서 산 것인데요, 종소리만은 못해도 가끔 흔들어 보면 그런대로 괜찮습니다. 풍경도 하나 사서 출입문에 달아놓았어요. 그 소리도 문을 여닫을 때마다 울리니 소슬바람에 울리는 그윽한 풍경소리는 아니어도 그런대로 들을 만은 하답니다. 이상 문정인 문학도서관에서 벨 파워가 전해드렸습니다. BPBS(Bell Power Broadcasting System). 2016. 7. 15(금).

- 『Lifelong learning and school curriculum』(R. Dave. Hamburg: UNESCO Institute for Education. 1973)
- 『그 아이만의 단 한 사람』(권영애. 아름다운 사람들. 2016)
- 『글쓰기를 두려워 말라』(박동규. 서울: 문학사상사. 1997)
- 『논술지도방법론』(김혜영. 마산: 경남대학교출판부. 2006)
- 『다산선생 지식경영법』(정민. 김영사. 2006)
- 『대담』(도정일 · 최재천. 휴머니스트. 2005)
- 『독서지도방법론』(김혜영. 마산: 경남대학교출판부. 2006)
- 『디지털시대의 정보조사제공학』(한상완. 구미무역(주)출판부. 2000)
- 『보디랭귀지』(엘런 피즈 바바라 피즈 저. 서현정 역. 서울 : 대교베텔스만. 2005)
- 『블루오션 전략』(김위찬 · 르네 마보안 지음. 강해구 옮김. 교보문고. 2005)
- 『비폭력 대화』(마셜 B. 로젠버그 지음. 캐서린 한 옮김. 한국NVC센터. 2011)
- 『삶과 온생명』(장회익. 솔출판사. 1998)
- 『생활문화와 매너』(엄문자 외. 서울: 건국대학교출판부. 2002)
- 『서비스를 돈으로 만드는 여자』(박영실. 서울: 도서출판하우. 2001)
- 『성공하는 직장인의 매너와 화법』(김양호. 조동춘. 서울 : 예문당. 2002)
- 『스무 살에 선택하는 학문의 길』(김용준 외 48인. 아카넷. 2005)
- 『역사학과 지식정보사회』(이태진. 서울대학교출판부. 2001)
- 『왜 구성주의인가』(강인애. 서울: 문음사. 2005)

- 『인문학문의 사명』(조동일. 서울대학교출판부. 1997)
- 『통섭의 식탁』(최재천. 명진출판. 2012)
- 『통섭-지식의 대 통합』(에드워드 윌슨 지음. 최재천 · 장대익 옮김. 사이언스북스 2005)
- 『평생교육 프로그램 개발』(이해주, 최운실, 권두승. 한국방송통신대학교출판부. 2006)
- 『평생교육론』(한숭희. 학지사. 2006)
- 『학교도서관 가이드라인 글로벌 응용사례』(슐츠 존스 · 오베르그 편, 이종권 · 정영주 옮김. 서울 : 글로벌콘텐츠. 2017)
- 『한국교육과정변천사 연구』(함종규. 교육과학사. 2003)

지은이 | 이종권
- 성균관대학교 대학원 문헌정보학과 석 · 박사과정 졸업(문학박사)
- 전) 건국대학교 강사, 강의교수, 겸임교수 역임
- 현) 문정인문학도서관 관장, 성균관대, 대림대 평생교육원 강사

〈주요저서〉
- 자료보존론(공역, 1999)
- 어린이도서관 서비스경영(공역, 2010)
- 문헌정보학이란 무엇인가(2007, 개정 2014)
- 도서관 경영학 원론(2011)
- 명품도서관 경영(2011)
- 장서개발관리론(공역, 2012)
- 도서관 경영론(공편, 2014)
- 공공도서관 서비스 경영론(2011, 개정 2015)
- 인문과학 정보원(공편, 2015)
- 신나는 스토리텔링(공역, 2015)
- 청소년 서비스 101(공역, 2015)
- IFLA 학교도서관 가이드라인(공역, 2017)
- 학교도서관 가이드라인 글로벌 응용사례(공역, 2017)

〈수필 · 여행기〉
- 도서관에 피어나는 아카데미 연꽃(2008)
- 책 읽는 세상은 아름답다(2008)
- 실크로드 여행일기(2009)
- 남에게 행복을 주는 사람은(2010)

인문학의 즐거움

2017년 6월 20일 초판인쇄
2017년 6월 30일 초판발행

지은이 / 이 종 권
펴낸이 / 한 신 규
편　집 / 이 은 영
펴낸곳 / 글앤북
　　　　서울특별시 송파구 동남로 11길 19
　　　　T. 070-7613-9110　**F**. 02-443-0212
　　　　E-mail geul2013@naver.com
등　록 / 2013년 4월 12일(제25100-2013-000041호)

ISBN 979-11-88353-00-2 03810　정가 13,000원